高校体育教学理论研究与技能培养研究

刘 超 ◎ 著

吉林出版集团股份有限公司

图书在版编目（CIP）数据

高校体育教学理论研究与技能培养研究 / 刘超著
. -- 长春：吉林出版集团股份有限公司，2024.4
ISBN 978-7-5731-4845-2

Ⅰ．①高… Ⅱ．①刘… Ⅲ．①体育教学－教学研究－高等学校 Ⅳ．①G807.4

中国国家版本馆CIP数据核字(2024)第081657号

高校体育教学理论研究与技能培养研究

GAOXIAO TIYU JIAOXUE LILUN YANJIU YU JINENG PEIYANG YANJIU

著　　者	刘　超
责任编辑	张继玲
封面设计	林　吉
开　　本	787mm×1092mm　　1/16
字　　数	165 千
印　　张	13.5
版　　次	2024 年 4 月第 1 版
印　　次	2024 年 4 月第 1 次印刷
出版发行	吉林出版集团股份有限公司
电　　话	总编办：010-63109269
	发行部：010-63109269
印　　刷	廊坊市广阳区九洲印刷厂

ISBN 978-7-5731-4845-2　　　　　　　　　　　定价：78.00 元

版权所有　侵权必究

前　言

体育教学是我国高校开展学校教育工作的重点内容，也是我国素质教育的重要组成部分，深入发展高校体育教学是实现中国体育强国梦、中华民族伟大复兴的重要内容。以新时代为背景对高校体育教学进行理论探索与实务研究，无论对高校体育教学活动的开展来说，还是对我国体育事业的发展来说，都具有十分重要的意义。

体育教学的特点之一是学生通过运动技能的学习、练习、改进、巩固与运用作为载体的身体活动的实施来实现体育课程学习目标。作为一名体育教师就应尽力掌握更多的运动技能，为学校体育教学服务。由于体育教学的特殊性，运动技能又是体育教师必须掌握的基本技能，然而教学技能与运动技能是不同的：教学技能是直接指向课堂教学的，它的范围要比运动技能宽泛多，它包含了调整课堂教学的各种行为。

在编写本书的过程中，我们查阅和引用了网络、书籍以及期刊等来源的相关资料，因涉及内容较多，谨向本书所引用资料的作者表示诚挚的感谢。此外，本书在编写的过程中，得到了相关专家和同行的支持与帮助，在此一并致谢。由于水平有限，书中难免出现疏漏，恳请广大读者指正！

刘　超

2023 年 12 月

目　录

第一章　体育教学概述 ·· 1
　　第一节　体育教学的概念与目标 ·· 1
　　第二节　体育教学的特点与功能 ·· 9
　　第三节　体育教学的主体与过程 ·· 14

第二章　高校体育教学基础理论研究 ·· 44
　　第一节　体育教学论及其价值 ·· 44
　　第二节　我国体育教学论的发展 ·· 57
　　第三节　体育教学与相关学科理论 ·· 66

第三章　高校体育教学的创新性探索 ·· 75
　　第一节　现代体育教育新理念 ·· 75
　　第二节　体育教学的人文主义探索 ·· 86
　　第三节　体育教育中新技术的运用 ·· 91

第四章　体育运动技能概述 ·· 97
　　第一节　运动技能概述 ·· 97
　　第二节　运动技能的"金字塔结构" ··· 105
　　第三节　运动技能的属性 ·· 117
　　第四节　运动技能的目的 ·· 131

第五章　体育运动技能培养 ·· 141
　　第一节　篮球运动技能培养 ·· 141

第二节 排球运动技能培养 …………………………………… **160**

第三节 羽毛球运动技能培养 …………………………………… **177**

第四节 乒乓球运动技能培养 …………………………………… **189**

参考文献 …………………………………… **207**

第一章 体育教学概述

体育教学是高校教育的重要组成部分，其在新时代同样具有积极的意义。本章从三个方面对体育教学进行概述，一是体育教学的概念与目标，二是体育教学的特点与功能，三是体育教学的主体与过程，通过对本章的阐述，以期使读者对体育教学有基本的了解与认识，同时也为笔者后续章节的研究奠定了基础。

第一节 体育教学的概念与目标

一、体育教学的概念

（一）体育的概念

在古希腊，与现在体育运动类似的活动被称为体操。当时的体操几乎包括所有的身体锻炼方式，如跳跃、投掷、跑步、拳击等。而在我国古代，和现在体育运动相似的活动一般被称为导引或武术等。

体育这个词最早出现在1760年，指的是对儿童的身体进行培养与训练。1762年，卢梭首次使用了体育一词来描述对儿童进行教育的过程。19世纪时，在教育比较发达的国家中开始使用体育一词。由此可见，体育产生于教育，其最早的含义指的是教育过程中的一种专门领域。

从19世纪开始，体育逐渐成为学校中身体教育的专门术语。第二次世界大战结束后，体育的外延得到了扩展，各个学者也认识到体育并不仅仅属于教育领域，但因为体育运动本身相对复杂，加上学者的世界观、方法论等有一定的差异，学界对体育概念的认识并不统一。从现实体育运动发展的实践角度出发，可以对体育的概念作出以下定义：体育是以身体练习为基本形式与手段，以促进人的身心健康全面发展，推动社会文化进步为目的的一种社会文化活动。

体育的功能主要有三种，即自然质功能、结构质功能与系统质功能，具体阐述如下：

1. 体育的自然质功能

体育的自然质功能指的是体育运动具有促进人的身心健康发展的功能。具体表现在以下几点：①体育能够提升人体心血管系统的机能水平。②体育能够帮助人调整并保持心理健康。③体育能够促进呼吸系统机能水平的提升。④体育对少儿的骨骼、肌肉等的发育具有促进作用。⑤体育活动能够帮助人类延缓衰老，提高人的生活质量。

2. 体育的结构质功能

体育的结构质功能主要表现为教育功能与娱乐功能。

教育功能主要表现为以下几点：①传授体育文化知识。②教导基本的生活能力。③教导社会规范，促进社会发展。

娱乐功能主要表现为以下几点：①促进学生娱乐素质的提升。②学会体育娱乐的表现形式。

3. 体育的系统质功能

体育的系统质功能主要分为以下三种：

（1）政治功能

体育的政治功能是客观存在的，其主要表现在以下四个方面。

第一，塑造国家形象。运动员参与国际赛事，并在国际赛事中取得好成绩，能够提升国家形象、提升民族自尊心与自信心。同时也向世界展示出了一个国家的政治、经济、文化等水平。

第二，为外交服务。体育运动能够超越语言与社会习俗等的限制，使不同地域、不同国家的人聚在一起进行交流，从而促进外交，为外交服务。在1971年，我国就曾使用过"乒乓外交"，并取得了较好的外交成就。

第三，表达政治立场。体育也可以作为一个国家表达政治立场的手段。如1960年韩国参加奥运会而朝鲜则宣布退出奥运会，以此表明自己的政治立场。

（2）经济功能

经济功能是体育的一项重要功能，现在也有越来越多的人认识到了体育经济功能的重要性。体育的经济功能主要表现在体育运动能够带来巨大的经济收益，如赞助收益、赛事转播收益、体育彩票收益、比赛门票收益等。

（3）军事功能

体育运动和军事知识、技能等融合，形成了军事体育。体育的军事功能即军事体育所具有的功能，具体功能如下：

第一，身心训练功能。身心训练功能指的是通过体育活动对军人进行身心素质教育，从而不断提升其各方面的身心素质。现代军事体育的身心训练功能主要体现在军人的素质教育、心理健康与发展智力三方面。

第二，职业教育功能。军人需要掌握特殊的职业技能，包括射击、武装越野、爬山、擒拿格斗等，这些技能可以通过体育训练获得。

第三，军营文化功能。体育是文化的重要组成部分，军事体育的军营文化功能是通过以下两个途径来实现的：①欣赏，即现代体育运动能够缓解军人的神经紧张与大脑疲劳。②参与，即军人通过参与体育运动，能够提高自己的参与感、增强自豪感和自信心。

（二）教学的概念

教学是一种动态行为，可以从宏观与微观两个角度来理解。

1.宏观角度

从宏观角度看，教学是特殊的教育活动，是教育者选择一种或多种文化作为载体，对受教育者进行教育，从而使其获得文化知识的活动。教学的主体是教育者与受教育者。

2.微观角度

从微观角度看，教学是一种教师教授、学生学习的活动。教师是教学的引导者、教学活动的组织者与知识的传授者，学生是学习的主体，是知识的接受者。教学是以特定的某种文化作为对象的一种教与学的活动。

（三）体育教学的概念分析

体育教学是针对体育学科开展的一种教学活动，包括体育教学目标、教学内容、教学评价等，是一种特殊的教学课程。体育教学通过从生物科学、教育学、心理学与社会学等学科中获取知识，从而进一步发展学生体能、增进学生的身心健康，促进学生的全面发展。从本质上看，体育教学是在学校环境中进行的一种教学活动，主要参与者是体育教师与学生，目的是促进学生的身心健康与全面发展，具体的活动内容是在教师的指导与组织下，让学生了解并掌握与体育相关的基本知识、体育运动技能等。

（四）体育教学的结构

体育教学的结构主要包括内部结构与外部结构两种，下面对其进行具体分析：

1. 体育教学的内部结构

体育教学的内部结构是动态的，其要素主要包括学生、体育教师、体育教材和体育教学目标。

（1）学生

学生不仅是体育教学的主体，也是创新的主体。在进行体育教学时，教师必须重视学生的主体地位，激发学生的学习主动性与积极性，引导学生进行创新。

（2）体育教师

体育教师是体育教学过程中的引导者，体育教师的角色具体可以分为以下几种。

第一，传授者。体育教师应向学生传授知识，帮助学生正确认识体育，使学生养成良好的体育锻炼习惯。

第二，组织者。体育教师应具有较强的组织能力，能够组织开展教学活动。

第三，控制者。体育教师应具备较强的控制能力，能够控制学生的各种活动，保障体育教学的有序开展。

第四，合作者。体育教学是一个互动的过程，需要教师与学生彼此配合，教师扮演着合作者的角色，应平易近人，与学生和谐相处。

第五，创造者。体育教师应从学生的实际出发，有创造性地调整教学方法与技巧，更好地完成体育教学任务。

第六，心理治疗者。在日常学习中，学生难免会产生各种心理压力，如果学生心理压力过重，就会影响其正常学习与生活，因此体育教师应及时发现学生的问题并和学生沟通，扮演好心理治疗者的角色，帮助学生缓解心理压力，使学生保持心理健康。

（3）体育教材

体育教材是实现体育教学目标的主要工具，在体育教学中占据着重要的地位。教师在选择体育教材时必须认真仔细，教材的内容应具有趣味性，且有益于学生身心健康发展。

（4）体育教学目标

体育教学目标能够指导体育教学的发展，体育教学目标具有教育功能、健身功能、娱乐功能、促进社会发展功能等，体育教师必须重视体育教学目标，依据体育教学目标进行教学。

2.体育教学的外部结构

体育教学的外部结构是按照学校教育的结构层次划分的，可以分为以下三种类型：

（1）学前体育教学

学前体育教学即幼儿体育教学，是对3~6岁儿童进行的体育教学。幼儿体育包括三层含义：①生理层面，即幼儿自身的自然力。②社会层面，即幼儿素质发展的性质、方向与水平。③心理层面，即幼儿的社会实践活动与主体生命活动之间连接的纽带。

（2）初等体育教学

初等体育教学也叫小学体育教学，教育对象是7~13岁的儿童。初等体育教学的目标可以分为四种，即运动负荷目标、知识目标、情感目标与技能目标。其特点主要有三个，即兴趣化、儿童化与游戏化。

（3）中等体育教学

中等体育教学是初等体育教学向高等体育教学的过渡阶段，是整个体育教学体系中比较特殊的阶段。中等体育教学的目标是调动学生的积极性与主动性，保持学生的身体健康，促进学生的全面发展，帮助学生养成终身体育的意识。

中等体育教学的功能主要有四个：①有助于学生身体健康，②有助于学生心理健康水平的提升，③能够提升学生的社会适应能力，④使学生掌握体育和健康知识技能。

二、体育教学的目标

（一）体育教学的具体目标

体育教学的具体目标主要有四个：一是增强体质、促进健康。二是丰富社会文化生活。三是提高运动技术水平。四是促进国民素质的提升。具体阐述如下：

1. 增强体质、促进健康

增强体质、促进健康是体育教学的首要任务。体育锻炼能够使身体的各个部位得到锻炼，各方面的能力得到提升，从而起到有效增强体质，预防疾病、维护身体健康，延长寿命的作用。同时，体育锻炼还能够帮助人发展体能，塑造形体。也可以说，健康是增强体质的基础，增强体质是健康的进一步发展。

人要想增强体质、促进健康，需做到以下几点：①重视体育锻炼。②注意营养补充。③养成良好的生活习惯。④选择合适的运动方式。⑤坚持科学的锻炼，劳逸结合。

2. 丰富社会文化生活

在人的物质需求得到满足后，人们对精神文化方面的需求增大，越来越多的人开始参与体育运动，丰富多样的体育活动逐渐渗入了人们的日常生活，也逐渐构成了丰富多彩的社会文化生活。

丰富的文化生活是社会进一步发展的需要，体育运动对整个社会而言具有扩大社会交流、增强人与人之间的关系、增进团结协作、助力良好的社会风尚的建立，以及促进社会精神文明建设等方面具有重要的作用。

丰富社会文化生活需通过以下两种方式来实现：①参与，人们通过参与体育运动实践来体验运动的乐趣。②观赏，人们通过观赏体育表演、比赛等活动来感受运动的美，获得独特的审美感受。

3. 提高运动技术水平

一个国家运动竞技水平的高低反映出国家综合国力、体育发展水平、精神文化状态等方面，因此世界各个国家都十分重视体育竞技水平的提升，希望在国际运动会中取得好成绩。而提高运动技术水平又是体育锻炼的目的之一，很多运动员都将取得冠军作为自己的职业目标。

提高运动技术水平对体育事业的发展具有积极的意义，这主要体现在体育运动技能的提升能够使体育运动朝着更广泛、更深入的方向发展。

4.促进国民素质的提升

体育运动具有突出的教育意义，提升国民素质也是其目的之一。体育运动尤其是运动竞赛能够培养与磨炼意志，有助于培养人的勇敢、坚韧、拼搏、吃苦耐劳等精神。

（二）实现体育教学目标的要求

要实现体育教学目标，需做到以下几点：

第一，要对体育教学目标有充分的理解与把握，同时也要以体育教学目标作为核心。

第二，要不断进行实践，并在实践中将体育教学目标分解成满足以下要求的目标体系：①具体的，②可操作的，③分层次的，④有标准的。

第三，应认识到体育教学目标是为体育教学目的服务的，理清体育教学目标与体育教学目的之间的关系，不能混淆两者的概念，不能用目的代替目标，否则就可能会设置没有可操作性的、缺乏具体标准的、过于片面的体育教学目标，从而导致最终的体育教学目的也就无法实现。

第二节　体育教学的特点与功能

一、体育教学的特点

体育教学的特点是比较鲜明的，具体包括以下几点：

（一）教学环境的开放性

一般的教学活动场所都是室内，而体育教学场所多是在室外，当前我国的体育教育是以实践课为主，教学场所通常是操场，教学空间富有变化，教学环境更加开放，具有鲜明的开放性特点。

体育教学环境的开放性决定了体育教学具有不同于一般课堂教学的特殊要求，因此在开展体育教学活动时，需要注意以下几点：

第一，室外活动会受天气、地形、周边设施等影响，因此体育教学组织管理工作也就相对复杂，教师必须精心设计和安排教学的组织形式、步骤或方法，从而保障体育活动的有序开展。

第二，室外教学活动是动态的，学生会处于不断变化的运动中，教师可以使用分组教学。

第三，体育运动可能会受伤，教师应做好相关的安全教育工作。

（二）教学过程的直观性

体育教学过程是以身体为主，具有直观性的特点，其直观性主要表现在讲解、示范与教学组织管理三个方面。

1. 教学内容讲解的直观性

在体育教学中，教师讲解的内容是生动、形象且具有画面感的，同时也要求教师富有一定的肢体表现能力。教师会将复杂的技术动作用生动、形象的语言讲解出来，深入浅出，便于学生理解与掌握。

2. 动作技能示范的直观性

体育教师在讲解教学内容时，不仅会用到语言讲解，还会直接进行动作示范，让学生直观地感受到要学习的内容，对于一些比较难的动作，教师还会逐步分解示范，帮助学生更好地掌握动作要领。

3. 教学组织管理的直观性

在体育教学中，教师与学生接触相对较多，关系也相对融洽，对学生的组织与管理具有直观性，教师会身体力行，通过自己的言行举止对学生进行无形的教育。

（三）教学内容的情感性

体育教学的内容是十分丰富的，学生能够从这些内容中体会到丰富的体育活动带来的不同的体验。从而获得较好的情感体验。体育教学内容的情感性主要体现在以下几点：

1. 体育教学内容的运动美

在体育教学过程中，学生可以体会到运动美，这主要体现在两个方面。一方面，学生能够掌握基本的锻炼方法与技巧，通过锻炼保持优美的形体。另一方面，学生能通过锻炼认识到不同动作展现出的动作美。

2. 体育教学内容的精神美

学生能够从体育教学中学习各种运动项目，了解运动知识，领悟体育精神。通过参与体育活动，学生能够陶冶情操、平衡心态，培养胜不骄、败不馁的品质，并能够团结队友，提升交际能力。

3. 体育教学内容的创造美

体育教学是一种创造性的活动，创造的成果就是让学生获得内在的顿悟与精神上的启迪，体会创造美。

（四）教学条件的限制性

由于体育教学涉及的要素相对较多，因此也会受到多种因素与条件的影响和限制。学生的特点、体育教学场地的情况、天气情况等都会对体育教学产生一定的限制，进而影响体育教学质量。要想顺利开展体育教育，应摆脱不利于体育教学的各种因素的影响，尽可能将制约因素的影响降到最低。

（五）技能学习的重复性

体育教学技能的掌握需要反复练习。要完成教学目标，学生必须反复学习运动技能，而学生在反复学习某种技能的时候，也是运动技能持续、螺旋提高的时候。运动技能的形成大致分为四个阶段：一是练习分解动作阶段，二是练习连贯动作阶段，三是独立完成连贯动作阶段，四是熟练完成连贯动作阶段。

技能学习的重复性要求体育教师在教学时坚持循序渐进的原则，依据要教授的运动技能的特点，合理安排练习时间与内容，帮助学生不断巩固提升动作技能，进而掌握动作技能。

二、体育教学的功能

体育教学的功能主要可以分为两大类，一是本质功能，二是一般功能，下面对这两类功能进行具体阐述：

（一）体育教学的本质功能

体育教学的本质功能即体育活动的功能，具体如下：

第一，使大脑思维更加活跃。通过体育锻炼，学生的大脑供血、供氧情况会得到改善，神经活动会更加灵活，思维也就更加活跃。

第二，有效提高人体的机能水平。体育活动能够增加人体能量的消耗，加速新陈代谢，加快血液循环的速度，这能有效改善人体血液循环系统、呼吸系统等的功能状况，提升人体的机能水平。

第三，使人体更适应环境的变化，体育活动能够有效增强人体的免疫力、体质与忍耐力。

第四，促进骨骼和肌肉的发育。体育活动有助于人体骨骼与肌肉的增长，使人体骨骼变粗、骨密质增加，使肌肉更加强壮。

第五，促进人的心理状况的改善。体育活动能够使人放松身心、发泄出不良的情绪、从而调节了人的心理状况，有助于人的心理健康发展。

（二）体育教学的一般功能

体育教学的一般功能具体如下：

1. 教养功能

教养功能指传授给受教育者基本的科学技术，培养其实践能力。体育教学的教养功能具体包括以下内容：①教会学生必要的体育卫生保健知识与技能，②使学生掌握科学的锻炼身体的方法，③传承体育文化。

2. 美育功能

美育是学校育人的重要内容。在体育教学中，学生会接触到三种美：①身体美，即人的线条美、自然美等。②运动的形态美、力量美、和谐美等。③深层次的精神美。

3. 教育功能

教育功能具体包括以下内容：①培养学生勇敢、坚强、不轻言放弃的品质。

②培养学生的爱国主义精神、集体主义精神等。

4.促进个体社会化功能

个体社会化即人的社会化，体育教学具有促进个体社会化的功能。体育教学是一个灵活的社会课堂，课堂上师生的互动、交流等都是真实社会的映射，学生在学习的过程中也能够认识社会的生存法则，这对学生的社会化是有益的。

第三节 体育教学的主体与过程

一、体育教学的主体

教师与学生是高校体育教育的主体，对教育的成效具有决定性作用，要想使高校体育教育顺利开展，必须对教育主体进行深入的研究。

（一）体育教师的发展

随着社会的发展与进步，体育教育也得到了一定的发展，教师队伍也日益壮大，但随着学生的增多、教育内容的丰富，出现了体育教师资源匮乏的现象。要解决这一问题，实现体育教育资源可持续发展，必须要重视体育教师的发展。具体需要做好以下工作：

1.创新管理方式，完善教师队伍结构

当前体育教师的管理方法是相对落后的，具有单一、静态的特点。一个人若想成为体育教师，需考入专门的体育院校来学习各种体育理论与运动技能，毕业后再选择有招聘意向的各级学校，这种模式虽然有一定的好处，但已经与实际需求脱离，并不适应当前社会对体育教师的需求。

要想使学生真正掌握实用的体育知识与技能，促进体育教育事业的发展，就必须创新管理方式，完善教师结构。

在体育教师的选拔方面，应引入竞争机制，通过激烈的竞争来选拔优秀的体育教师人才，通过教师自我约束从而有效提高整个师资队伍质量。另外，也要开辟师资选择的路径，例如可以将高水平的退役运动员纳入选聘范围中，因为高水平的退役运动员有着丰富的大赛经验与先进的运动技术，他们的加入能够为体育教育注入活力，为学生带来新的教学体验。

在体育教师考核方面，应定期考核已经进入体育教师队伍的教师，构建完善的考核管理体系，设立规则明确的奖惩机制，并要建立一定的退出机制。对于有较大错误的教师予以解聘；对于新上任的教师，要做好岗前培训和考核，如考核不通过，则不予聘用。

2.成立专门的师资队伍建设委员会

建设教师队伍是一项长期的工作，需要持续不断地对教师进行培训，不断提升教师的能力，这项工作也是一个大工程，需要体育、教育等相关部门通力合作。应成立专门的师资队伍建设委员会，委员会成员包括领导、专家与相关学者，委员会的主要任务是发挥决策作用、指挥作用与监督作用，同时向建设师资队伍提供可以依赖的组织保障，具体如下：

第一，解决体育教师的来源问题，应增加一些体育相关专业硕士生、博士生的招生数量。

第二，建立完善的教师档案，采取多种渠道对体育教师进行培养，不断提升其各方面的能力与学历水平。

第三，规范并完善高校体育教师的进修和管理工作，为教师提供进修机会，资助体育教师的科研工作，规范体育教师的行为。

第四，完善体育教师职称评定体系。部分高水平的青年教师或有着特殊贡献的教师，可以破格晋升职称。

第五，放开体育教育科研人才流动政策与市场，重视科研工作，加快人才的培养与产出。

3. 提高教师待遇，稳定教师队伍

提高教师待遇，稳定教师队伍是教师发展的必要条件，学校应从教师的实际需求出发，采取恰当且有效的手段处理教师在工作与生活中遇到的困难，满足教师的需求，以稳定教师队伍。具体来说，应做好以下工作：

（1）适当提升教师的收入水平

生存是人最低层次的需求，教师是一门职业，要想使人全身心地投入到教育事业中，必须保障教师有较好的收入。很长一段时间以来，体育这一学科并不受重视，与同其他学科的教师相比，体育教师的待遇相对较低，这在一定程度上打击了体育教师的积极性。从素质教育的角度看，体育作为一门必不可少的学科，体育教师的作用尤其重要，因此，必须重视体育教师的待遇，适当提高体育教师的工资水平，使其不至于产生较大的心理落差，能感受到自己的社会价值，全身心地、积极主动地从事体育教育工作。

（2）提高教师队伍的思想政治水平

提高体育教师的思想政治水平有助于体育教师队伍的稳定。相关部门应重视青年教师的党员发展工作，坚持党、政联合会议制度，将党的领导核心作用和政治工作贯穿到体育教师培养的各个环节中，以提升体育教师的思想觉悟。另外，还应培养体育教师的道德素质与修养，帮助其树立正确的观念，使体育教师以从事教育工作为荣，能坚定不移地投身于教育事业中。

（3）为教师的成长提供良好的氛围

稳定和谐的工作与成长氛围，能够使体育教师在工作中保持愉悦的心情，形成较高的职业幸福感与满足感，从而也就更乐于从事体育教师这一工作，这对教师队伍的稳定是十分有利的。同时，良好的成长氛围能够使体育教师不断地实现自我发展与进步，不断地通过提升自我来获得自我满足感，这同样有助于教师队伍的稳定。

（二）体育教师的培养

体育教师的培养十分重要。当前我国对体育教师的培养主要包括职前培养、入职培养与在职培养，同时我国也十分重视体育教师教育的一体化，下面对相关内容进行具体阐述：

1. 职前培养

（1）职前培养的目标

职前培养的目标是一个实质性问题，许多高校体育教师明确表示："体育教育的目标是培养体育教育复合型人才，增强毕业生的社会竞争力。"[1] 在此基础上，我们认为，体育教师职前培养的目标如下：培养适应我国社会主义现代化建设与基础教育改革发展实际需求的，德、智、体、美、劳全面发展的，具备丰富专业基础知识的，有现代教育观念的，有较好的科学素养与职业道德

---

[1] 朱明江：《高校体育教育发展情况分析与改革研究》，中国水利水电出版社2018年版，第115页。

的，有一定的创新精神与实践能力的，可以从事体育教学、训练、竞赛、研究、管理等工作的体育教育专业复合型人才。

（2）职前培养的模式

职前培养的模式是随着社会背景的变化而变化的，但是由于近些年我国社会发生了较大变化，职前培养的模式也随之产生了一定的变化，具体如下：

第一，从定向型培养模式转向到非定向型培养模式。21世纪初期，社会对体育教师的需求逐步趋向平缓，大部分地区体育教师资源基本充足，大部分学生都可以从小接受基本的体育教育，虽然部分偏远地区仍存在体育教师资源不足的情况，但多数地区的体育教师缺口基本补足。受此背景影响，体育教师培养模式开始从传统的定向型培养模式逐步向非定向型转变。很长一段时间以来，由于我国体育教师比较紧缺，因此相关院校在培养体育教师时，更重视数量的培养，主要培养定向型人才。而随着教师缺口的补足，相关院校在培养体育教师时，更加重视质量的培养，希望培养出非定向复合人才。

第二，从培养专才模式转向培养复合型人才模式。长期以来，我国在体育教育专业培养方面所使用的模式主要是专业培养模式，特点是一切以专业需求为核心，即围绕专业需求来设计课程与教学环节。由于所有的教学工作都是以专业需求为中心进行的，学生会过早进入专业学习，从而忽视了交叉学科与人文学科的学习，这就导致学生只重视专业知识与技能的学习，其他学科的基础掌握并不牢固。这种模式虽然具有较强的可操作性，符合当时的社会发展需求，但与现在社会发展的需求是不相适应的。现阶段高校体育教育的任务是培养基础扎实、能力强、素质高、适应性广的人才。只有改变现有的人才培养模式，从专才教育模式转为素质教育模式，建立复合型人才培养模式体系，才能培养出高素质的、具有较强综合能力的、融传授知识与培养能力等为一体的体育复合型人才。

（3）职前培养的发展趋势

体育教师职前培养的发展趋势具体如下：

第一，培养渠道多元化。培养渠道多元化具体表现在并不仅仅是师范院校在进行职前培养，非师范院校同样可以进行职前培养，现在越来越多的非师范院校开设了专门的体育教育专业，这也正体现了培养渠道多元化的趋势。

第二，培养目标的多向性。培养目标的多向性指各院校培养的人才并不仅仅具备成为体育教师的能力，还能够胜任与体育相关的其他工作，培养的人才属于通用型人才。

第三，培养模式的多样性。培养模式的多样性同样是体育教师职前培养的重要趋势。大多数国家的高等体育院校人才培养模式由两种组成，即开放型人才培养模式与非定向型人才培养模式，学制的安排上有四年制、五年制、三年制等。

第四，课程领域的综合性。体育教师职前培养在课程设置方面具有综合性的特征，目前体育课程设置重视与文科、理科、工科等学科的融合，涉及的领域也相当广泛，包括自然科学、社会科学、技术科学等，课程包括基础课程、专业课程与教育学科课程。

第五，课程学习的选修性。课程学习的选修性是体育教师职前培养的重要趋势。当前，在体育教育中选修课数量逐渐增多，所占的学分比重逐渐增大，分科也更加细致，这种设置不仅能够满足学生多样化的需求，还能激发学生学习的自觉性与主动性。

第六，课程管理的完全学分制。在课程管理方面，各国体育院校逐渐开始采用完全学分制度，这一制度也是体育教师职前培养的重要趋势，其优点如下：①有助于发挥学生的主动性，②能够激发学生的学习动力。

第七，课程设置的基础性、国际性与针对性。课程设置的基础性即高校体育院校课程设置中的基础性课程占比大、涉及范围广、课时多，这一设置能够帮助学生扎实基础，这也是之后职前培养发展的重要趋势。课程设置的国际性即为了适应知识经济全球化的需要，高校的课程设置逐步开始与国际接轨，开设了许多国际通用性课程。课程设置的针对性即各个高校专业课程的设置应坚持以学校为本，同中小学合作，依据中小学的需求培养人才。

2.入职培养

（1）入职培养的意义

入职培养指的是在入职时接受的职业培养，即专门为新教师提供的至少一年的、有计划的、系统的、持续的帮助，具体意义如下：

第一，入职培养是终身教育与终身学习的要求，体现了终身发展的思想。

第二，入职培养是教师职前培养与在职培养的过渡环节，具有承前启后的重要作用。

第三，入职培养是促进新教师成长与专业化发展的重要保障，对教师的长远发展具有积极意义。

第四，入职培养是优化教师任用制度的可行性方式。

（2）我国体育教师入职培养的状况

我国教师入职培养主要涉及两个方面的内容，一是教师资格证制度，二是体育教师入职培训制度。

我国的教师资格证制度起步于1996年，在2000年开始全面实施，规定只有取得教师资格证的人才能被学校或教育机构聘任为教师。要取得教师资格证，必须达到相应的专业水平、教育水平、道德素质与身体素质等。

在教师正式进入岗位之前，需参与上岗培训，各院校与培训机构应对教师进行上岗培训，当前我国常见的教师上岗培训模式有四种：

第一，带教模式，即老教师为师傅，新教师为徒弟，由老教师教给新教师相关的教学知识与技能。

第二，集中培训模式，这种模式可以分为以下两种：①在新教师入职的第一年，将其集中起来，由专业的培训人员在教师教育机构对其进行教学常规与教学理论方面的知识培训。②新教师在入职的第一年，少数时间在教师教育机构参与培训，多数时间在中小学进行实践工作。

第三，理论实践研究模式，即在实践中学习相关的教育知识。

第四，合作模式，即教师培训机构、大学和中小学合作，将中小学作为基地来对新教师进行上岗培训。

3. 在职培养

（1）在职培养的必要性

对体育教师进行在职培养是十分有必要的，具体如下所述：

首先，进行在职培养能够促进体育教师教学能力、管理能力等相关能力的不断提升，有助于体育教学效果的提升。

其次，进行在职培养符合终身发展的思想，有助于体育教师自身的发展与成长，对体育教师的职业发展是有益的。

最后，进行在职培养能够使体育教师学习到先进的教学技能与技巧，体育教师教学的内容也就能够与时俱进，也就能够培养出更好地适应时代发展需求的人才。

（2）在职培养的模式

对体育教师进行在职培养的模式主要涉及教学模式与组织模式两方面，下面进行具体阐述：

体育教师在职培养的教学模式有很多，常见的模式具体包括以下几种：

第一，问题探究模式。这种模式是将解决问题看作中心环节，参与培训的教师通过发现问题、探究问题与解决问题来实现自身能力的提升。这种教学模式对学习者与培训者的要求相对较高。

第二，合作交流模式。这种模式是为参与培训的教师提供充足的空间，让他们能够在交流、合作、研讨中得到提升。基本的操作程序有四步：①独立思考，②小组讨论，③组际交流，④集体性评价。

第三，案例教学模式。这种模式是参与培训的体育教师通过针对相关案例进行描述、讨论、研究，以掌握相关的知识与技能。这种教学模式的作用如下：①有助于体育教师妥善处理教学过程中的难点，②有助于体育教师理论与实践的结合，③有助于体育教师教学能力的提升。

第四，教学现场诊断模式。这种模式是在明确目标的前提下，由科研人员、培训者、教师对体育课堂教学的过程进行观察、讨论与分析，针对具体问题提出改进策略，为教学研究提供材料。

当前，我国常用的体育教师在职培养的组织模式包括以下几种：

第一，研训一体模式。这种模式是将体育教学研究和训练组合起来，综合利用多种教育资源，实现各种培训模式的有机整合，全面提升体育教师的理论与实践能力。

第二，校本培训模式。这是一种以满足学校与体育教师目标与需求为主，把学校看成基地对在职体育教师进行培养的模式，其特点是能够使体育教师在不脱岗的情况下参加培训。

第三，远程培训模式。这种模式的形式有函授教育、现代远程教育与广播电视教育等，随着信息技术的发展，这种模式必将在我国体育教师的在职培训中起到更重要的作用。

第四，巡回流动培训模式。这种模式指的是有计划地分批组织培训者到中小学进行现场转体培训，送教上门。

4. 体育教师教育的一体化

体育教师教育一体化指的是将提升体育教师素质作为出发点，将体育教师教育分为职前培养、入职培养与在职培养三阶段，这三个阶段是彼此联系、相互统一的，并贯穿于教师教育的始终。

我国体育教师教育一体化的构建主要可以分为以下几种：

（1）机构上的构建

当前，我国体育教师培养与政府管理行为是逐步分离的，各个机构存在各自为政的现象。一般来说，体育教师培养多是在师范大学或师范学院、师范专科学校与中等专科学校进行的；在职培训多是由省级教育学院、市级教师学院、区级教师进修学校组织开展的。

我国的体育教师教育一体化在机构上的构建具体如下所述：

第一，将省级教育学院并入师范大学并作为基地暂时保留教研与培训能力。

第二，师专和教育学院、中专合并。

第三，当地教育学院和中师合并。

第四，教育学院转为师范学院。

第五，师范院校和综合院校合并。

总的来说，合并后的师范大学负责职前培养、入职培养与在职培养，这种模式能够有效减少机构重叠，对资源的合理配置是十分有利的。

（2）职能上的构建

我国体育教师教育一体化在职能上的构建具体如下所述：

第一，改变旧的师范管理体制，构建统一协调的领导体制，创建上下结合、内外沟通的师范教育网络。

第二，打破职前培养与在职培养分离的状态，构建完善的、成体系的一体化培养机构，全面分析培养目标、课程设置、教学内容、培养方式等。

第三，在统一规划的基础上，整合职前培养、入职培养与在职培养的资源，形成融合统一的体育教师教育体育师资队伍。

（三）不同的学生观与体育观

学生观即教育者对学生的实际看法。当前比较具有代表性的学生观有以下几种：

1. 教师中心论

教师中心论即将教师作为教育的主体，教师在教学中处于主导地位，学生处于被支配地位，教师决定教学的一切，常用的教学方式是灌输法，主要的教学目标是将知识技能灌输到学生的头脑中。

教师中心论的代表人物是巴尔赫与凯洛夫。巴尔赫认为学生对教师必须保持一种被动的状态。凯洛夫认为课堂教学始终是在教师的指导下开展的，学生在教学中处于从属地位。

教师中心论的优点是肯定了教师的价值与主导作用，缺点是忽视了学生的作用与价值，不重视学生的自觉性与主动性。

2. 学生中心论

学生中心论认为教学过程实际上是学生依靠自身自觉发展的过程，代表人物是杜威，他认为学生是教育的中心，教学的一切活动都是围绕学生开展的，教师只是学生发展的"仆人"。

学生中心论的优点是肯定了学生在教学中的主体地位，具有一定的积极意义，缺点是抹杀了教师的主导作用。

（四）对学生地位的辩证认识

教师中心论与学生中心论各有优缺点，我们需将这两种理论进行综合理解，以对学生的地位进行辩证认识。

学生的本质属性具有二重性特征，具体如下：①学生是人，具有情感、智慧与主观能动性。②学生是不断发展的人，具有发展的可能性与特殊性，需要有人引导其发展。我们必须尊重学生的二重性特征，既要认识到学生的主体地位，又要重视对学生的教育和引导。

学生在学习与认识各种事物时，充当着主体与客体两种角色，这也就表明，在体育教学的过程中，学生既是体育教学的主体，也是体育学习的客体，是主体与客体的辩证统一体，具体阐述如下：

1.学生是体育教学的客体

从哲学层面来说，主体和客体是一对相互依存的概念，既没有孤立的主体，也没有孤立的客体，由此，学生是体育教学的客体，也就是说教师是体育教学的主体。学生是体育教学的接受者，主要任务是学习；教师能够借助于有目的、有计划的教学将一定的社会要求转化为学生内部的要求，使学生的水平得到提升。

总的来说，在体育教学中，学生处于客体地位，是教学内容的接受者，教师处于施教地位，是教学活动的组织者与引导者。这一关系是不容否定、不可逆转的。

2.学生是体育学习的主体

在体育学习的过程中，教师并不是简单地向学生灌输知识，学生也并不是被动接受知识。从本质上看，学习其实是主体行为，没有人可以代替他人完成，因此学生是学习绝对的主体。

和学习主体相对应的是学习客体。教师是学生学习的对象，教师的全部教育活动并不能独自完成，必须转变为学生的主动思考与身体练习。

体育教学是教师与学生双向互动的过程，能够充分发挥教师与学生的积极性与主动性。学生的主动性并不是自发产生的，是受多种因素影响产生的，教师的引导便是其中一个重要的因素。若学生形成了主体意识，就会具有相对独立性，也便会对体育教学影响表现出选择性与倾向性。

3. 学生是主体与客体的辩证统一体

学生拥有主体与客体双重特征，我们必须兼顾两种属性，不能忽视任何一种，如果只是重视一种属性，在理论方面将缺少科学性。根据实践表明：学生的客体地位被承认后，能够对教师的主体地位形成更清晰的认识，教师的主导作用也就能够更好地发挥出来，由此也就可以激发学生的自觉性与主动性；学生的主体地位被承认后，教师的教育影响与客体地位也会更加明确。

需要注意的是，学生既是主体又是客体，这是相对于多角度来说的。对整个教育过程而言，教师教的过程，学生是客体，学生学的过程，学生是主体。也就是说，从同一个角度或相同的意义看，学生不能既是主体又是客体。

（五）学生的基本观念

综上，我们应坚持正确的学生观念，具体来说，在对待学生的基本观念上，应把握以下几点：

1. 学生是发展的、独特的人

学生是处于发展中的独特的人，他们有自身的发展方式，其身心发展是处于不断变化中的，这就要求体育教师以发展的眼光看待学生，在选择体育教学的内容、方式和手段时，应以学生的发展水平为依据。

2. 学生是具有主体性的人

学生是具有主体性的人，其在体育教学中的主体性主要体现在以下几点。

第一，学习的独立性。学生的学习起点、目标、追求、个性心理等特征都是不同的，每个人的学习情况也是不同的，这也就表明了学生学习是相对独立的，体育教师需重视学生的独立性，因材施教。

第二，学习的主动性。学习是主动性的活动，只有学生自觉、主动地学习，才能够真正掌握知识，教师再努力，学生不主动学习，是不可能学到知识的，体育教师在进行教学活动时，必须重视学生学习的主动性。

第三，学习的创造性。学习并不是简单地接受知识的过程，而是一个具有创造性的过程，学生并不一定要完全按照体育教师的方法、思路来完成教学任务，学生可以进行自主创新，体育教师也应鼓励学生创新。

第四，对教育影响的选择性。学生并不会完全无条件地接受体育教师教授的所有知识，会依据自己的实际情况与主体意识，积极或消极地、有选择性地进行学习。

3.学生是具有潜能特征的人

学生是具有无限潜能的人，学生的潜能特点具体如下：

第一，丰富性。学生的潜能是十分丰富的，涉及多方面的内容。

第二，隐藏性。一般来说，学生身体中的部分潜能是隐藏的，大多数学生一生都没有开发出自身的潜能。

第三，差异性。每个学生都有自己的潜能，但潜能的等级、方向、开发情况等都是有一定差异的。

第四，可开发性。学生的潜能是可开发的，体育教学是开发学生潜能的重要途径。

4.学生是有差异的人

世界上没有两片完全相同的叶子，也没有两个完全相同的人，每个学生都是不同的，他们各有特点。具体来说，不同年龄阶段学生的心理发展水平、生理发展水平等有着较大的区别；同一阶段学生的知识结构、思维能力、个性特征、创造力等也都有着较大的差距。

体育教师应认识到每个学生存在的个体差异，在教学时必须充分了解学生，因材施教。

（六）高校学生的生理特征与体育教学

1. 高校学生的生理特征

高校学生的生理特征具体如下：

第一，身高增长速度减缓，肌肉开始朝横向发展且发展速度加快，肌肉力量与耐力增加，肌肉机能不断完善，动作协调性与身体控制能力不断增强，骨骼大体成型。

第二，神经系统趋于完善，神经活动更加稳定，注意力也更加集中，抽象思维能力增强，综合分析能力有了较大的提升。

第三，心脏发育与植物神经系统对心脏的调节作用日趋完善，每分钟输血量增加，心血管能力显著提升。

2. 体育教学对高校学生生理的影响

体育教学对高校学生生理的影响具体如下：

第一，高校学生在接受体育教学时，会进行体育锻炼，这能够有效改善他们的神经系统工作水平，使他们头脑更清晰、精力更充沛、思维更敏捷，从而使他们的学习能力得到显著提升。

第二，高校学生在接受体育教学时，会进行体育锻炼，养成锻炼意识与习惯。

充足的体育锻炼能够使高校学生的心血管系统更加完善，心血管机能得到较大的提升，从而使身体工作能力显著提升。

第三，高校学生在接受体育教学时，会进行体育锻炼，培养锻炼意识与习惯。充足的体育锻炼能够促进学生身体的新陈代谢功能，改善呼吸功能，提升其身体抵抗能力。

（七）高校学生的心理特征与体育教学

1. 高校学生的心理特征

高校学生的心理特征具体如下：

第一，注意力已经达到成人水平，有意注意能够持续维持 2 小时左右，有感觉能力也有较大提升，记忆力进入了一生中最强的时期。

第二，抽象逻辑思维更加灵敏，思维的独立性有了较大发展，创造性与辩证思维也有了显著提升。

第三，情感内容相对丰富且强度较大，持续时间比较长，同时也更加理智。

第四，美感越来越丰富多彩，对生活充满理想化，个人道德感提升。

第五，会产生较强烈的爱情需要。

2. 体育教学对高校学生心理的影响

体育教学能够帮助高校学生树立终身体育的思想，培养他们的体育意识与体育文化素养，使其养成良好的体育习惯，这对于激发他们的运动潜力，发挥学生个性，培养学生的意志力、拼搏精神，提升学生的交际能力、共情能力等都是具有积极意义的。

（八）高校学生身体素质的发展与体育教学

身体素质是人在运动、劳动等活动中，各器官系统功能的综合表现，身体素质是衡量一个人体质状况的重要标志，身体素质的基本要素包括力量素质、耐力素质、速度素质、灵敏素质与柔韧素质，下面对这些素质与体育教学的关系进行具体阐述：

1. 力量素质与体育教学

力量素质即肌肉收缩克服阻力与对抗阻力的能力。肌肉紧张时产生的力能够使肢体维持在一定的位置，肌肉收缩时产生的力能够使肢体或物体发生移动。发展力量素质能够促进肌肉力量增强，使身体更加强壮，形体更加匀称、健美。

对高校学生进行体育教学，能够使他们掌握正确的力量素质训练方法，经过长时间的力量素质训练，学生的肌肉蛋白会增加，肌肉纤维横断面会更大，力量会显著增加。

需要注意的是，人的力量素质的大小还取决于神经对肌肉活动的调节作用，要完成一个动作，需要主动肌、协同肌与对抗肌共同努力。体育教学能够使高校学生使用合理的方式锻炼自己的运动神经，有效提升其神经对肌肉活动的调节能力。

2. 耐力素质与体育教学

耐力素质即人体长时间进行肌肉活动时抗疲劳的能力，是人体各器官系统机能与心理素质的综合体现。耐力主要包括两个方面的内容，即肌肉耐力与心血管耐力。由此发展素质耐力的途径主要有两个：一是增强肌肉力量，提升肌肉耐力，二是提高心肺能力。

对高校学生进行体育教学，能够使他们掌握科学的提升耐力素质的方法，从而提升他们的耐力素质，进而有效改善他们的呼吸系统与心血管系统的功能，提升他们身体抗疲劳的能力。

3. 速度素质与体育教学

速度素质即人对各种刺激迅速做出反应并在最短时间内完成某一动作的能力，影响速度素质的因素有三个：一是反应能力，二是做动作的频率，三是动作幅度的大小。

速度素质包括以下两个方面的内容：①反应速度，即人体对信号或刺激做出应答的时间的长短，其快慢由兴奋信号通过反射弧所需的时间决定，受神经肌肉与组织的兴奋性、神经肌肉的灵活性与中枢神经系统的协调功能的影响。②动作速度，即完成动作所需的时间，其快慢受动作熟练程度与无氧代谢能力大小影响。

对高校学生进行体育教学，能够使他们掌握正确的体育锻炼方法，养成体育锻炼意识，进而通过锻炼提升自己的速度素质，从而提升大脑的反应能力与身体快速协调能力，这样他们的身体会更加灵活，动作也会更加迅速。

4. 灵敏素质与体育教学

灵敏素质即人体在各种突然变化的条件下，能准确、迅速改变身体运动的能力。要提升高校学生的灵敏素质，必须借助动作练习。体育教学能够使学生养成锻炼习惯，有助于学生灵敏素质的提升。

人在多次重复相关的动作后会形成熟练动作。在这一过程中，大脑皮层会反复受到刺激，这样大脑皮层兴奋与意识的转换能力会不断增强，大脑皮层神经过程的灵活性也会显著提升，进而促进高校学生观察能力、判断能力等各项素质的发展。

5. 柔韧素质与体育教学

柔韧素质即人体关节活动幅度的大小，关节的韧带、肌肉及其他组织的弹性与伸展能力。对人进行柔韧性训练其实就是对肩、腕、膝、踝等各个关节进行训练。发展柔韧素质，有助于高校学生掌握各种运动技巧，也能够有效避免在突然用力时出现软组织损伤。

体育教学能够使高校学生掌握正确的锻炼方法与技巧，养成锻炼习惯，从而通过科学的锻炼提升自己的柔韧素质，以便更好地开展竞技体操、跳水等各项对柔韧性要求较高的运动。

（九）高校体育教学中和谐师生关系的构建

1. 高校体育教学中构建师生和谐关系的意义

在高校体育教学中，构建和谐的师生关系是十分有必要的，和谐的师生关系对增进师生感情、提升教学效果等都具有重要的作用。具体来说，高校体育教学中构建师生和谐关系的意义包括以下几点：

（1）有助于学生人格的培养

和谐的师生关系能够使师生彼此之间真诚、平等地交流，有助于调节课堂氛围，使学生能够在课堂中畅所欲言，使不同的学生可以相互接触、增进了解，学生的团结协作能力、社会适应能力等也会得到提升，这对学生人格的培养是极其有利的。

另外，研究表明，和谐的师生关系能够有效地调节学生的心理，使学生的心理问题得到及时解决，帮助学生养成正确的思想观念，形成健康的人生观与世界观。

（2）有助于良好的教风与学风的形成

教风和学风之间是相互影响的，良好的教风与学风对学生的学习是有益的，和谐的师生关系有助于形成良好的教风与学风，进而有效提升教学质量与学习质量。

从教风的角度看，和谐的师生关系能够使教师更加爱岗敬业，帮助教师形成更严谨的治学态度。

从学风的角度看，和谐的师生关系能够使学生保持良好的课堂纪律，积极、主动地参与到学习中。

（3）有助于民主和谐的教学氛围的营造

和谐的师生关系是营造民主和谐的教学氛围的基础。在当前社会，高校学生的民主意识越来越强烈，对民主平等也有了更高的要求。和谐的师生关系正是孕育民主和谐的教学氛围的温床，能够创造出民主、和谐的学习环境，使师生彼此之间能够积极沟通、交流，遇到问题也能够及时解决，这对有效发挥学生的个性与创造性、有效提升学习效果等都具有积极的作用。

（4）有助于学生体育能力的提升与体育习惯的养成

和谐的师生关系能够让学生正确对待体育课程，在教师的影响下喜欢上体育运动，并能积极主动地进行体育锻炼，从而不断提升自己的体育能力，形成体育锻炼的意识，养成体育锻炼的习惯。

2.高校体育教学中师生关系不和谐现象

从总体上来看，我国高校师生之间的关系是比较和谐的，但是在当前的高校中，也出现了一些师生关系不和谐的现象，具体有以下几种：

（1）变味民主型

一些高校体育教师在"民主"的旗号下，对学生只是盲目地迁就、迎合及讨好，在教学过程中，对体育教学持应付的态度，课堂纪律比较散漫，没有制定严格的考试标准，从外表看师生关系十分和谐，但本质上两者都在消极怠工，学生除学习成绩外不可能有任何收获。

（2）冷漠疏远型

体育教师和学生没有彼此深入了解，没有稳固的情感基础，存在比较大的心理距离，虽然教师和学生之间相安无事，但关系比较疏远。体育教学为师生交流提供了良好平台，但很多教师仅仅把体育教学当成需要完成的任务，没有构建良好师生关系的意识，造成教师和学生之间关系越来越疏远。

（3）厌烦压抑型

体育教师只在意自己的教学，一味让学生学习规定的教学内容，很少给学生自由发挥的空间，不与学生进行互动，批评多鼓励少，师生关系压抑。部分体育教师没有将教学和训练区分清楚，导致教学方式死板，对学生要求过严，使本应该充满趣味性的体育教学变得呆板压抑，反而影响了体育教学效果。

（4）对立冲突型

对立冲突型是师生关系中最不和谐、最糟糕的关系，这种师生关系在体育教学中比较少见。具体表现是师生之间都不认可，有时还会出现彼此刁难的现象。体育教师通过分数来专门刁难学生，学生在课堂上专门冒犯体育教师，有时会由敌对情绪转变成肢体冲突。对立冲突型关系是师生关系中最恶劣的关系，对体育教学有很大的负面作用。

3.高校体育教学中师生关系不和谐现象的原因

高校体育教学中师生关系不和谐现象出现的原因比较多且相对复杂，大致可以概括为以下几点：

（1）师生之间缺乏交流

师生交流不足是"冷漠疏远型"和"厌烦压抑型"师生关系的突出表现方式。这一现象出现的具体原因包括两个方面：

第一，高校体育教师的教学任务比较重，顾及全体学生的时间与精力严重不足，从而使得体育教师和学生之间的关系越来越淡漠、越来越疏远，心理距离越来越大。

第二，随着科技不断发展，学生获得知识的渠道越来越多，学生能够从很多种媒体中得到体育信息，这无形中减少了体育教师和学生当面交流的时间。

（2）没有重视学生的主体地位

很长时间以来，高校体育教学都有忽视乃至无视学生主体性的弊端。一些体育教师在教学过程中往往希望能够支配、控制学生，而忽视了学生的主体地位。与此相反的是，当前的高校学生喜欢以自我为中心，不愿受教师过多的限制，希望自己在行为上有更多的自主权，部分学生虽心存不满却不得不接受教师的约束，个别情绪激动的学生则会和教师发生冲突。

（3）重教学轻育人

虽然部分体育教师在教学中认真负责，但他们只关注教学内容，没有在培养学生全面发展能力上投入适度的精力。例如，许多学生将体育课视为可以完全放任自流的课程，对体育教师的课堂安排采取抵制的态度；部分学生对学校和体育教师过分挑剔，上课不努力学习，平日不参加体育锻炼，而体育教师却疏于用制度或课堂常规约束管理他们。这些现象都是因为体育教师没有对学生进行全面教学所导致的，对师生关系的和谐发展会产生消极影响。

4.高校体育教学中构建和谐师生关系的要求

在高校体育教学中，要构建和谐的师生关系，需要做好以下几个方面的工作：

（1）尊重学生、因材施教

每个学生都是独立的个体，都具有自主意识，都是应该被尊重的。尊重他人是人际交往的前提，体育教师要在体育教学中构建和谐的师生关系，首先一定要尊重学生，要认识到学生的主体地位，从心底里尊重学生。要尊重学生，具体应做好以下几点：①对学生有爱心，真正关心爱护学生。②对学生要宽容、有耐心，鼓励并呵护学生。③平等地对待每个学生。

每个学生都是不同的，都有各自的生理与心理特征，体育教师要充分了解每个学生，依据学生各自的特点因材施教，以帮助学生发挥自己的长处，弥补自己的短处，更好地提升自己的运动能力。

（2）打破"唯教师论"的观念

很长一段时间以来，我国坚持的是"唯教师论"的观点，认为教师是教学的主体，教学过程全权由教师掌握，教师处于支配地位，主要任务是将知识灌输给学生，学生则处于被支配地位，只能被动地接受教师所教授的内容，其意见、看法等是不重要的，可以被忽视的。这种观念使得体育教师与学生之间的关系成了支配与被支配的关系，这对师生的和谐关系的构建是极其不利的。要构建和谐的师生关系，就必须打破这种唯教师论的观念，坚持以学生为主体、教师为主导的观念。

（3）加强师生合作

在合作之中，体育教师与学生的关系会更加密切，通过合作，师生之间能够增进交流，增进感情，彼此之间的关系也会更加和谐。

二、体育教学的过程

（一）体育教学过程中的现象与规律

1. 运动负荷现象与身体发展规律

体育教学是学生通过身体练习来完成体育技能习得的过程，学生在体育教学过程中需要承受各种运动负荷，以此来促进身体的发展。

体育教学对学生身心发展的促进作用主要体现在体育锻炼与体育养护两个方面。体育锻炼即通过体育课中的身体活动、技能学习等来改善学生的身体结构与机能；体育养护即通过体育课中的保健知识、能力等来帮助学生保养身体，两者相辅相成，共同促进学生的健康成长。

运动负荷是身体锻炼的基础，在体育教学中，学生只有承担合理且科学的运动负荷，才能够改造生物性能，维护身体健康。一般来说，在一定的范围之内，运动负荷越大，对学生身体产生的影响也就越大，锻炼的效果也就越突出。需要注意的是，运动负荷的变化应与人体生理活动能力变化相适应，即在人体机能活动能力较强时，可以安排较大的运动负荷，在人体机能活动能力较弱时，可以安排较小的运动负荷，这样体育锻炼才能够起到最佳的效果。

同样，不同的体育课对运动负荷的要求也是不同的，具体如下所述：①教授课的运动负荷一般为中等，②复习课的运动负荷一般为中等以上，③发展学生身体素质课的运动负荷一般较大，④发现学习课的运动负荷一般较小，⑤测验与考试课的练习密度较小而练习强度较大。

2. 运动心理现象与情感体验规律

体育教学的评价是直接即时的评价，这种评价一方面会让技能掌握较好的学生感到兴奋，但另一方面会让技能掌握较差的学生感到畏惧。教师应正确运用这种即时性评价，帮助学生提升心理素质，引导学生正确地评价自己与他人。

体育活动是具有多变的肢体运动与复杂的心理过程的社会活动，在进行体育活动时，学生往往会变得兴奋、激动，这种情绪会对人的情绪产生陶冶作用。但是，运动中过于亢奋的情绪很有可能导致不良心态与行为的出现，这时就需要学生适当抑制自己的情绪，这个抑制的过程实际上也是心理调节的过程。长此以往，学生的心理调节能力会得到显著提升。

具体来说，体育教学能够陶冶学生的心灵，改善学生的心理状态，培养学生的群体意识，提高学生的自律能力。

（二）体育教学过程的设计

体育教学过程的设计可以细分为五种：学段教学过程设计、学年教学过程设计、学期教学过程设计、单元教学过程设计、学时教学过程设计。

1. 学段教学过程设计

（1）学段教学过程设计的内容

学段教学过程设计的内容主要包括三个方面，具体阐述如下。

第一，学生的设计，主要内容有两点：①分析学生的学习需要与发展需要。②分析学生进入学习前的基本情况，包括身心特点、体育基础、兴趣爱好等。

第二，学习内容的设计，主要是分析学生应学习什么，学习的量有多少。

第三，学习目标的设计，主要是应领会国家制定的体育教学指导性文件，依据文件和学生的实际情况来制订具体的学习目标。

（2）学段教学过程设计的方式

学段教学过程设计的方式主要有以下三种：

第一，内容优选式。这种方式即以体育教学的内容为主线，将不同种类体育教学内容的教学时数合理地分配到同一个学习水平的不同学年中，以校本教材为核心制订合理的学段教学过程计划。

第二，模块划分式。这种方式即先安排并选择合适的必修内容，然后结合本地区、学校、教师等的实际情况选择具体的体育教学内容，制订相应的学段教学过程计划。

第三，目标引领式。这种方式即在充分考虑各个学习领域之间相互关系的基础上，将学段目标合理地分配到某个不同的学年中，制订出相应的学段教学过程计划。

2. 学年教学过程设计

（1）学年教学过程设计的内容

学年教学过程设计的内容主要包括教学目标设计、教学内容设计与教学评价设计。

教学目标设计的主要依据如下：①学段体育教学的目标，②本年级体育教材与学生的特点，③学校的场地器材条件。

教学内容设计必须合理，全年课时的安排应以校历的周数为依据。

教学评价设计的依据是全年体育教学效果的预测与体育教学内容的实际情况。

（2）学年教学过程计划制订的方式

学年教学过程计划制订的方式具体包括以下几种：

第一，学段与学年结合式，即将学段和学年教学计划有机结合起来，综合考虑各学年教学目标与教学内容之间的联系，制订出学年教学过程计划。

第二，学年独立式，即在对学年目标进行透彻研究的基础上，依据学生需求、学校情况等，在某一学年合理安排两个学期的教学时数，从而制订学年教学过程计划。

第三，季节划分式，即依据本地区的季节变化差异，选择适宜的目标与合适的教学内容制订学年教学过程计划。

3. 学期教学过程设计

（1）学期教学过程设计的内容

学期教学过程设计的内容包括以下两方面：

第一，教学目标的设计，指的是将学年目标作为基础，从本学期的教学内容、教学实际等因素出发，以充分考虑季节和学期学校工作为前提来设计本学期的教学目标。

第二，教学内容的设计，指的是依据教学目标与教学内容性质来组合各个教学内容的单元规模，设置单一教学内容单元与组合教学内容单元。

（2）学期教学过程计划的方式

学期教学过程计划的方式具体有以下几种：

第一，内容唯一式，即以某种教学内容为主，忽视其他教学内容，仅仅列举每次课的具体内容，不考虑学时、具体要求等其他因素，制订出学期教学过程计划。

第二，五大类内容式，即认真研究学期目标，以学生的需求、教师的特点、学校的场地情况等为依据，从精学、简学、锻炼、介绍、知识五大类内容中选择最合适的教学内容，合理安排每种类型的教学时数，制订学期教学过程计划。

第三，目标内容结合式，即确定本学期的教学目标，依据学生的学习状况来提出具体要求，列出整个学期每次课的具体教学内容，制订出学期教学过程计划。

4. 单元教学过程设计

（1）单元教学过程设计的内容

单元教学过程设计的内容具体如下：

第一，学生情况的设计，即分析学生的体育基础、身体机能、爱好等，对学生的具体情况有整体的把握，以便于有针对性地进行教学。

第二，教学思想的设计，即选择恰当、合适的教学思想。不同的教学思想会产生不同的单元教学过程设计，带来不同的教学效果。

第三，教学内容的设计，即对教学内容进行研究，把握技术难点、重点，做好教学内容课时的分配工作等。

第四，教学过程的设计，即根据教学课时设计教学过程，充分利用场地器材资源，有效提高教学的效果。

第五，教学方法的设计，即依据学生的年龄特点、兴趣爱好，学校的基本设施、场地器材等设计教学方法。

（2）单元教学过程计划的实施方式

单元教学过程计划一般是以各项运动技术来划分的，名称通常是运动技术的名称，如"足球""轮滑"等，教师在设计单元教学过程计划时，应以运动的特征、学习的具体内容、学生的特征等为依据。

5.学时教学过程设计

（1）学时教学过程设计的内容

学时教学过程设计的内容主要包括以下几种：

第一，教学目标的设计。在设计学时教学目标时，应以单元教学目标与单元教学设计为依据，教学目标必须全面、明确和具体。

第二，教学内容的设计，在进行教学内容的设计时，应先设计基本部分的教学内容，接着根据各项内容的重点、难点对内容的练习顺序进行排列，最后确定课的主要内容、各项教学内容、练习次数与时间，并设计教学所需要用到的器材与用具的名称、规格等。

第三，教学方法的设计。在设计教学方法时，应依据教学内容的重点、难点来考虑教学方法的选用、教具的合理安排、负荷与练习密度、交流与反馈等。

（2）学时教学过程计划的方式

学时教学过程计划的方式有两种，一种是文字式，另一种是表格式。

文字式即使用文字叙述的方式，按照课时顺序依次书写教学过程计划，优点是书写容易，缺点是不能一目了然。

表格式即按表格规定的内容填写，优点是条理清晰，便于观看，缺点是书写比较复杂。

第二章 高校体育教学基础理论研究

体育教学基础理论是高校体育教学发展的重要基石，对其进行研究有助于更好地指导新时代高校体育教学实践。本章主要对高校体育教学基础理论进行研究，研究内容包括三个方面：一是体育教学论及其价值，二是我国体育教学论的发展，三是体育教学与相关学科理论。

第一节 体育教学论及其价值

一、体育教学论概述

体育教学论是一门研究体育教学中的各种现象和体育教学现象中蕴含的一般规律的科学，其理论基础、研究对象、研究内容、研究范式、研究方法与系统结构具体如下所述：

（一）体育教学论的理论基础

理论基础是体育教学论研究的支撑与基础条件，具体包括一元论、二分法、观察学习论等，下面对其进行具体分析。

1. 一元论

（1）一元论的起源

"一元论"一词是18世纪德国数学家、物理学家、唯心主义哲学家沃尔夫最早提出的，而将"一元论"视为哲学用语的第一人是19世纪末期的德国动物学家、哲学家海克尔。

海克尔认为，一元论是一种举于物种保存原则和进化论的世界观，他写作并出版了《作为宗教和科学之间的纽带的一元论》[①]一书，并创立了著名的"一元论者协会"。

（2）一元论的观点

一元论认为，世界只有唯一一个本原，这和二元论、多元论是完全不同的。二元论认为世界的本原是物质和精神，多元论认为世界的本原是物质、精神、空气、水等。

在一元论中，物质是处于第一位的根本存在，精神是伴随着物质的存在而存在的，如果物质消失了，精神也就不复存在。

（3）一元论的分类

一元论可分为两大类，一是唯物主义一元论，其认为世界的本源是物质；二是唯心主义一元论，其认为世界的本源是精神。

2. 二分法

二分法是一种划分方式，要想对其进行分析，就要对"分类"和"划分"这两个人们在日常研究时经常会用到也比较容易混淆的概念进行辨析。

---

① E.H.海克尔：《作为宗教和科学之间的纽带的一元论》，商务印书馆1927年版。

（1）分类

分类可从两个方面理解，一方面，分类是按照种类、等级或性质分别归类；另一方面，分类是把没有规律的事物分为有规律的事物。

由此可见，分类和归类的意思十分相近，就是把个体对象按共同特征归类，然后再把类按共同特征集合成更大的类，其着手点是比较并概括个体之间、类别之间的相同点和不同点。所以，分类具有归纳和类比的意义。

（2）划分

划分也可从两个方面理解，一方面，划分就是区分，另一方面，划分就是将一个整体分为若干部分。传统逻辑对划分的概念进行了延伸，认为分类是将一个类分为若干类。

划分的结果要想准确，就要严格遵循一定的原则。划分的基本原则主要有以下几项：

第一，划分的子项不兼容，各子项不相同。

第二，划分的每个子项都包含其母项中的某一分子。

第三，每次划分时，划分根据不能改变。

第四，不能越级划分。

（3）分类与划分的区别

总体而言，分类和划分的区别主要在于，前者是从种到属，后者是从属到种。两者方向相反，但可以并用，彼此相辅相成，能达到同样的结果。

综上所述，二分法属于一种比较科学的划分方式，其遵循的是划分的基本原则。

3. 观察学习论

观察学习又叫模仿学习或替代学习，指的是人们通过观察榜样行为就能学会某种行为。美国著名心理学家班杜拉是观察学习论的主要代表人物，下面以其观点为主，对观察学习论进行分析。

（1）观察学习论的主要观点

班杜拉认为：人类可以不是行为的直接实施者、亲身体验者和强化者，只要在社会环境影响下对榜样的示范行为及其结果进行学习和模仿，就能够提高学习效率，也能够形成社会学行为。[1]

（2）观察学习的类型

观察学习的类型主要有三种，分别是直接性观察学习、抽象性观察学习、创造性观察学习，下面对这三种类型进行简要分析。

直接性观察学习，指的是学习者对示范者的示范行为进行简单模仿的学习。

抽象性观察学习，指的是学习者从示范者的示范行为中获得一定行为规则或原理的学习。

创造性观察学习，指的是学习者从不同示范者的不同示范行为中抽取不同的行为特点，形成新的行为方式的学习。

（3）观察学习的榜样确定

根据班杜拉的观点，人或物能否成为榜样，主要看其能否成为他人观察学习的对象，如果能，其就能成为榜样；如果不能，其就不能成为榜样。

---

[1] （美）阿尔伯特·班杜拉：《社会学习理论》，陈欣银，李伯黍译，中国人民大学出版社 2015 年版。

这里的榜样可以是实实在在的人或物,也可以是虚拟的人或物,如文学作品中的人或物、影视作品中的人或物、神话传说中的人或物、虚拟游戏里的人或物等。

(4)观察学习榜样的主要形式

通常情况下,榜样的形式主要有三种,分别是活的榜样、诫例性榜样、符号榜样,下面对其进行简要介绍。

活的榜样,指的是现实生活中具体的的人。

诫例性榜样,指的是通过语言描绘或形象化方式表现某个典型特征的榜样。

符号榜样,指的是通过语言或影视图像表现某个典型特征的榜样。

(5)观察学习榜样的示范行为

榜样的示范行为会对学习者的学习行为产生十分重要的影响,能够起到较好示范效果的示范行为需要满足以下几点要求:

第一,示范行为要具备实施的可能性,保证学习者能够通过细心观察学到东西。

第二,示范行为要和学习者的年龄特征相符合,不能相差太大,这样学习者才能够更好地理解示范者的示范行为。

第三,示范行为要生动形象且重点突出,要能够吸引学习者的注意力,调动学习者观察学习的兴趣和热情,

第四,示范行为要能够被学习者信赖,榜样做出示范行为的基本目的就在于使学习者相信其所观察到的示范行为就是为其专门示范的。

（二）体育教学论的研究对象

研究对象是区别各个学科的主要标准之一，体育教学论的研究对象主要包括三个：一是教与学的关系问题，二是教与学的条件问题，三是教与学的操作问题，下面对其进行具体分析。

1. 教与学的关系问题

体育教学活动包括教学主体、教学环境、教学客体等诸多因素，这些因素相互联系、相互依存、相互影响，彼此之间的关系错综复杂，而在这诸多复杂的关系之中，教与学的关系是最根本也是最关键的，是体育教学活动顺利开展的主要依据。

所以，要研究体育教学，就必须要重视教与学的关系问题，将其作为分析和研究的重点对象，努力揭示其中蕴藏的教学规律，以便更深入地掌握体育教学的各项原理。

2. 教与学的条件问题

体育教学活动的顺利开展离不开教学条件这一重要因素，教学条件的好坏还会在很大程度上影响体育教学目标的完成程度和体育教学质量的提高程度。

因此，要对体育教学进行研究，就不能忽略教与学的条件问题，并要将其作为重要研究对象，认真分析和研究体育教学的硬件设施和软件设施、体育教学氛围等各项内容。

3. 教与学的操作问题

教与学的关系问题和条件问题都是研究体育教学论理论方面的重要问题，要对体育教学进行深入全面研究，就不能忽略实践方面的问题，即教与学的操作问题。

在具体的体育教学活动中，教与学的操作问题主要包括以下几点：第一，教学内容的选择。第二，教学方法的运用。第三，教学模式的运用。第四，教学评价的设计。

（三）体育教学论的研究内容

体育教学论的研究内容主要包括两大部分，一是理论部分，二是实践部分，具体如下所述。

1. 理论部分

体育教学论研究的理论部分主要包括以下几个方面的内容：第一，体育教学原理。第二，体育教学因素。第三，体育教学特征。第四，体育教学原则。第五，体育教学规律。

2. 实践部分

体育教学论研究的实践部分主要指的是与实践操作相关的内容，其具体包括以下几个方面：第一，体育教学方法。第二，体育教学内容。第三，体育教学模式。第四，体育教学评价。

（四）体育教学论的研究范式

范式，指的是某一科学家集团在某一专业或学科中所具有的共同信念、所遵循的共同理念、研究原则和方法。其一方面规定了科学家共同的基本理论、基本观念和基本方法；另一方面为科学家们提供了解决问题的共同框架，具有方法论层面的作用和意义。

体育教学论的研究范式能够决定体育教学论研究人员的研究程序和研究方法，对体育教学论的形成和发展具有重要意义。下面主要从体育教学论的哲学研究范式、定量研究范式和定性研究范式三个方面出发，对体育教学论的研究范式进行分析与研究。

1. 哲学研究范式

哲学研究范式是体育教学论研究范式中最为古老的一种研究范式，主要以哲学思辨的方式思考体育教学现象，用一定的哲学观来勾画体育教学的理想或应当具备的状态。

根据哲学研究范式，体育教学论研究人员主要从以下两个方面出发对体育教学活动进行研究。

第一，体育教学论研究人员从某种特定的哲学观点出发，演绎出相应的体育教学思想。

第二，体育教学论研究人员从个别的体育教学问题出发，通过上溯至某种哲学框架，进而构建出体育教学的理念框架。

总之，无论是从哪个方面对体育教学活动进行研究，都是从根本上把握体育教学的总体规划，思考的基本上都是具有终极意义的问题，如体育教学的目的、体育教学的价值、体育教学的规范等。

2. 定量研究范式

定量研究范式又叫实证研究范式，指的是利用体育教学工具来研究体育教学事实并发现体育教学规律的研究范式。

（1）定量研究范式和哲学研究范式的不同

定量研究范式的出现有着深刻的社会文化和认知背景，和哲学研究范式之间存在着较大的不同：哲学研究范式是根据一定的规范去考察体育教学，而定量研究范式则是客观地、无价值地记载和解释体育教学事实，并对体育教学事实相互之间的规律关系进行分析与研究。

（2）定量研究范式存在的问题

虽然定量研究范式在体育教学论研究方法的科学化道路上迈出了较大的一步，但也存在对哲学研究范式矫枉过正的问题，这使体育教学研究走到了科学主义的极端，出现了以下几个方面的问题：

第一，定量研究范式对体育教学现象进行了量化，导致一些有价值的信息丧失，使体育教学论研究人员很难透过体育教学现象看清背后所蕴含的本质。

第二，定量研究范式着重强调将自然科学研究的方法移植到体育教学论的研究当中，导致体育教学论研究失去了其自身的特性。

第三，定量研究范式注重科学方法在体育教学论研究中的应用，但是这种应用处于较低层次的应用阶段，并没有很好地发挥出科学方法应有的价值和作用。

这些问题引起了体育教学论研究人员的反思和批判，使得定量研究范式向定性研究范式的转换成了一种必然趋势。

3. 定性研究范式

定性研究范式又叫质的研究范式，其崛起于20世纪中期，是在批判和纠正定量研究范式的过程中逐渐成长起来的，因此有学者将定性研究范式称为人本主义研究范式。

（1）定性研究范式的来源

从人本主义的角度出发，可追溯定性研究范式来源，具体来说，定性研究范式的主要来源有以下三个：

第一，狄尔泰的精神科学。精神科学认为"理解"是人文科学独特的方法论的核心。

第二，胡塞尔的现象哲学。现象哲学认为，"理解"既是一种思维方式，也是一种存在方式。

第三，法兰克福学派的批判哲学。批判哲学认为，教育研究不能忽略对教育实施及其社会条件的批判。

（2）定性研究范式的优势

定性研究范式作为一种科学的体育教学论研究范式，具有以下几个方面的优势：

第一，注重科学精神与人文精神的结合，遵循了"合—分—更高级的合"这一规律。

第二，注重历史与逻辑的结合，能够从复杂的体育教学事件中总结出体育教学的规律。

第三，注重理论与实践的结合，从体育教学实践出发，结合理论研究，最后仍走向实践，是体育教学论研究范式整合的最高境界。

（五）体育教学论的研究方法

正确掌握并合理使用科学的研究方法，是体育教学论研究顺利进行的关键。在新时代，体育教学论的研究方法主要有以下几种：

1. 观察法

观察法是体育教学论研究中使用频率最高的研究方法，具有简便易行的特点。需要注意的是，体育教学论研究中的观察是专业性较高的观察，与普通生活中的观察是不一样的，二者不能混为一谈。

2. 文献法

文献法是利用和体育教学有关的材料进行研究的方法，材料可以是文字资料，也可以是影像资料。

3. 调查法

调查法是比较全面地收集研究对象在某一方面的各种材料并对其进行分析、整合并总结的研究方法，其常用方式主要有以下两种：

第一，问卷调查。问卷调查的侧重点在对问卷的编写、发放、回收、结果统计等方面。

第二，田野调查。田野调查的侧重点在调查的地点、任务、时间等相关信息上。

4. 实验法

实验法是根据一定的教学理论假说，运用必要的控制方法和策略探索教学因果规律的研究方法，对实验的目的、对象、时间等因素，具有明显的可预见性和可干预性特征。

5. 经验总结法

经验总结法是体育教学论研究中比较常用的一种研究方法，主要通过体育教学论研究人员自己或他人的经验总结，为体育教学论研究提供一定的理论支持。

（六）体育教学论的系统结构

体育教学论的系统结构主要包括两部分：一是体育理论教学论，二是体育应用教学论，两者的具体内容如下所述。

1. 体育理论教学论

体育理论教学论主要包括体育教学科学论和体育教学艺术论两个方面的内容，其中，体育教学科学论可分为基础性体育教学科学论和拓展性体育教学科学论等；体育教学艺术论可分为体育教学艺术导论、体育课堂教学艺术论、体育教学风格论等。

2. 体育应用教学论

体育应用教学论主要指的是不同学段的体育教学设计，主要包括体育教学水平一阶段的教学设计、体育教学水平二阶段的教学设计、体育教学水平三阶段的教学设计等。

二、体育教学论的价值

体育教学论的价值主要体现在揭示体育教学本质、完善体育教学研究、指导体育教学实践、辨别体育教学要素之间关系和保障体育教学活动顺利进行等方面，下面对其进行具体分析。

（一）揭示体育教学本质

体育教学是一个内容错综复杂的整体，集合了众多体育教学现象，比其他学科更为复杂，因此，体育教师很难完全认清体育教学的本质，这就会在很大程度上制约体育教师对体育教学活动的正确认识，影响体育教师对体育教学活动的科学评价。

体育教学论可以揭示体育教学本质，帮助体育教师更好地认识体育教学本质，从而帮助体育教师准确科学地辨别体育教学现象，并做出正确的判断。

（二）完善体育教学研究

随着体育教学改革的不断深入，体育教学的内容和内涵发生了较大的变化，而随着体育文化的逐渐发展，体育教学现象也越来越复杂，出现了一些人们无法解释的新现象和新特点，也产生了一些人们无法解决的新问题和新障碍。

体育教学论可以促进这些问题的有效解决，从而进一步完善体育教学研究，帮助体育教学更好地理解新的体育教学现象和特点。

（三）指导体育教学实践

一般情况下，总有一些体育教学规律是隐藏在各种纷繁复杂的体育教学现象之中的，如果体育教师能够较好地认识这些规律，并将其运用在体育教学实践之中，就能够取得理想的教学效果。

体育教学论可以帮助体育教师更好地认识与掌握隐藏在复杂体育教学现象背后的各种体育教学规律，从而增强体育教师的教学能力，帮助体育教师更快地、更好地完成体育教学任务，达成体育教学目标。

（四）辨别体育教学要素之间关系

体育教学是一个庞大的、复杂的系统，涉及体育教学主体、体育教学客体、体育教学内容、体育教学方法、体育教学模式、体育教学环境、体育教学评价等诸多要素，体育教师要想顺利开展体育教学活动，就必须厘清体育教学要素之间的关系。

体育教学论可以帮助体育教师分析与判断体育教学各要素，并对各要素之间关系进行科学辨别，从而使体育教师更好地认识和理解体育教学的本质，更好地进行体育教学活动。

（五）保障体育教学活动顺利进行

随着体育教学的不断改革和发展，传统的体育教学理念已经不能满足新时代体育教学的需要，亟须改革和创新。

体育教学论可以帮助体育教师熟悉与掌握与时俱进的体育教学理念，提升体育教师的理论水平，进而提高体育教师的教学能力，使体育教师能够充分掌握体育教学的本质与规律，研究与把握最新的体育教学问题，从而保障体育教学活动的顺利进行。

第二节　我国体育教学论的发展

我国体育教学论是伴随着体育教育思想的改革而逐渐发展起来的，受近代西方体育思想的影响，我国涌现出了大量体育教学论研究者，他们通过各种努力改革与发展我国的体育教学论，建立并完善了我国的体育教学论体系。在进入新的历史时期后，我国体育教学论也出现了一些新的问题，亟须我们转变教育思想，与时俱进，努力前行。

为此，本节主要对近代我国体育教学论的改革与发展进行梳理，并对当前我国体育教学论存在的问题进行思考与分析。

一、近代我国体育教学论的改革与发展

（一）清朝末年我国的体育教学论

清朝末年，我国的体育教学论发展主要体现在两个方面，一是开始引入，二是初建体系。下面对其进行具体分析。

1. 开始引入

第一次鸦片战争之后，西方列强开始了对中国的掠夺与侵占，中国有志之士纷纷走上救亡图存的道路，从多个方面出发对中国社会进行了诸多探索。

在教育领域，清政府坚持"中学为体，西学为用"的指导方针，并于1862年兴建洋务学堂。

在体育领域，1903年清政府颁布《奏定学堂章程》，提出癸卯学制，并将体育正式纳入必修课程之中，体育课程开始逐渐发展起来。但是，随着新式学堂快速发展，体育课程在各级各类学堂中也发展较快，再加上体育课程是一门技术性很强的课程，不可避免地出现了体育教师匮乏的问题。

1906年，为解决教师匮乏的问题，清朝学部发出全国扩大师范学堂名额的通告，并要求各个省份必须在师范学堂设立体操专修科，并开办培养师资的体育学堂。自此，我国开始了专门的体育师资培养。

在这一阶段，尽管清政府高度重视体育教学，体育教学也获得了较好的发展，但关于体育教学论的课程和教材还没有产生，所以体育教学论是混合在教学论之中，以引入介绍的方式开始出现的。

在用人介绍教学论的过程中，影响较大的是《教育世界》。《教育世界》创刊于1901年6月的上海，创刊早期主要介绍的是汤本武比古的教授法，后来，该刊还介绍了夸美纽斯、第斯多惠、赫尔巴特等教育家的教学思想。

需要注意的是，在开始引入阶段，教育界对教学论的认识还处于相对浅薄的层次，也没有很好地指导教学实践，教师在教学活动中选用的教学方法本质上是中西杂糅的，保留了很多中国传统讲学方法。

2. 初建体系

随着国外教学论的引入，我国教学论进入了初建体系阶段，开始出现了大量的教授法著作，教学论课程也开始出现。在这一阶段，体育教学论述混合在教学论之中，尚未独立出来。

1903年，清政府颁布的《奏定学堂章程》中的《初级师范学堂章程》对"教育学"学科进行了规定，分五年进行教学，其中第三学年的教学内容是"教授法"。

同时，我国学者翻译引入了大量日本教授法著作，其中包括通口勒次郎的《统合新教授法》、神保小虎的《应用教授法》、田口义治的《小学教授纲要》、东基吉的《小学教授法》等。

随着日本教授法著作的引入，我国学者开始着手编撰教授法著作，比较著名的有朱孔文的《教授法通论》、商务印书馆编译所的《初级师范学校教科书各科教授法》、木村中治郎和于沈的《小学教授法要义》等。

需要注意的是，由于日本的教学论对赫尔巴特的教学方法比较倚重，所以我国的教学论教材也较多地体现赫尔巴特的五段教学法。

（二）民国时期我国的体育教学论

民国时期，我国的体育教学论发展主要体现在两个方面，一是继承学习，二是全面引进，下面对其进行具体分析。

1. 继承学习

辛亥革命后,中华民国临时政府成立并创立教育部,由蔡元培任教育总长。随后,临时政府颁布《普通教育暂行办法》《普通教育暂行课程标准》《小学令》《中学令》等法令,创建"壬子学制",形成了一套相对完整的教育制度。

在体操课方面,新学制为不同学段的学生设置了不同的教学宗旨和课程内容。与此同时,国民政府还坚持"军国民教育"思想,极为重视士兵体操。

在继承学习阶段,我国的体育教学论基本上都是清朝末年体育教学论的延续,尚未实现质的飞跃。例如,这一阶段主要的体育教学方法仍是由日本引入的赫尔巴特教学方法。

需要注意的是,这一阶段虽然出现了关于体育教授法的教材,但只是还包含在普通教授法之中,没有分离出来。例如,蒋维乔的《教授法讲义》中的分论部分,就有关于体操教授法的内容。

2. 全面引进

1919年新文化运动之后,我国进入了西方教学方法的全面引进期。五四新文化运动促进了中国教育的全面改革,西方教学思想在我国快速传播,各种在西方盛行的教学方法在中国出现并得到广泛应用,实用主义教育思想开始在我国迅速普及。

1919年2月,陶行知在《教学合一》中系统阐释了"教授法"和"教学法"。对当时中国教育界产生了十分重要的影响,自此,不少学校开始逐渐将教授法改为教学法。

1925年,全国教育联合会《新学制师范科课程纲要》明确提出,普通教学法、各科教学法、小学各科教材研究等必须归入必修科目之中。之后，教育部也颁布了一系列规程，对普通教学法和各科教学法的地位进行了明确规定。

随着西方教学论的全面引进，我国的教学论也发生了较大的变化，具体体现在以下几个方面。

第一，教学理念从原来的以教师为主导的理念，转变为注重学生的主体地位的理念。

第二，教学方法和模式从原来的单一灌输式，转变为以启发式教学为主，兼顾其他教学方法和模式。

第三，"教材及教学法"教材开始大量出现，这类教材通常包括通论和各论两种，前者主要对教材和教学方法进行综述，后者主要包含各科课程的教学方法，其中就有体育课程的相关内容。

随着我国教学论的变化和体育教学科研的进步，我国体育教学法逐渐从各科教学法中分离出来，成为教学论学科的有机构成部分。体育教学法从各科教学法中往外分离的过程中，比较有代表性的著作是吴蕴端的《体育教学法》，该书是我国最早的体育教学法专著。

（三）中华人民共和国成立后我国的体育教学论

中华人民共和国成立后，我国的体育教学论发展主要经历了三个阶段：一是全面学习苏联理论阶段。二是独立探索，遭遇困难阶段。三是改革开放，重新探索阶段。下面对这三个阶段进行具体分析。

1. 全面学习苏联理论阶段

中华人民共和国成立后，我国政府高度重视体育事业，注重提高国民的身体素质，坚持"健康第一""发展体育运动，增强人民体质"的方针，主张学习苏联体育教学论。

在这一阶段，由于受苏联体育教学论的影响，无论是我国的体育教学论，还是我国的体育教学论教材与著作，都有凯洛夫苏式教学论的影子。

和中华人民共和国成立之前的体育教学论相比，全面学习苏联理论阶段的体育教学论更加科学化，也更加系统化。但不容忽视的是，苏式体育教学论也存在很多的问题和不足，如果一味照搬和模仿，很难取得较大进步。具体来说，苏式体育教学论的问题和不足主要体现在以下几个方面：

第一，过于强调体育教师的主导地位而忽略了学生的主体地位，将学生置于从属位置。

第二，体育教学内容以基础知识和基本技能为重点，体育教学模式和方法比较单一，体育教师的创造性无法得到有效发挥。

2.独立探索，遭遇困难阶段

1960年，国家体委规定，要按照教学计划的规定上好体育课，恢复每周两节体育课，提高体育教学质量。自此，我国体育教学论进入独立探索时期，后因政治原因，遭遇了一些困难。下面对其进行具体分析。

（1）独立探索

在独立探索时期，我国体育教学论研究人员在学习苏联体育教学论的基础上尝试建立符合我国实际情况的体育教学论，相继出版了体育学院本科体育学校通用的体育理论教材和体育学院中等体育学校通用的体育理论教材，体育教学论研究的内容也逐渐多样化。

（2）遭遇困难

独立探索后期，由于政治原因，很多学校的体育课被迫暂停，教学科研一度中断，我国的体育教学论研究也遭遇困难，受到了严重的破坏。

3. 改革开放，重新探索阶段

改革开放后，我国进入新的历史时期，各项事业逐渐恢复并发展起来，我国的体育教学论研究也开始日渐繁荣，具体体现在以下几个方面：

第一，我国的体育教学论研究逐渐开放，研究的内容更加全面，涉及国内外体育教学研究信息，包括内容与方法、理论与技术等。

第二，我国的体育教学论研究开始深入思考并探讨体育教学过程的本质、体育教师和学生的关系与地位、掌握体育运动技能与发展身心健康的关系等方面的内容。

第三，我国的体育教学论研究开始重新探讨和界定体育教学论的基本范畴，分析和讨论体育教学原则、体育教学内容、体育教学方法、体育教学评价等基本问题。

（四）体育教学论建立独立体系

体育教学论建立独立体系主要经历了两个十分重要的阶段，一是体育教学论快速发展阶段，二是体育教学论作为一门独立学科阶段。

1. 体育教学论快速发展

体育教学论快速发展阶段指的是20世纪80年代末年至21世纪初的这一阶段。在这一阶段，部分学者开始总结此前体育教学论研究成果，在此基础上深刻思考了我国体育教学的基本理论问题，对我国体育教学论自身体系进行了

深入探讨,具体探讨内容主要包括以下几个方面:

第一,体育教学指导思想。体育教学指导思想研究主要在综合分析各种体育教学指导思想的基础上,确定了"终身体育"的思想观念。

第二,体育教学内容。体育教学内容研究主要发展体育教学过程理论、分析体育教学各要素、强调师生平等、丰富体育教学原则和方法。

第三,体育教学评价。体育教学评价研究主要研究体育教学评价理论,强调过程性评价的作用和价值,关注学生的心理水平监测。

2.体育教学论作为一门独立学科

体育教学论作为一门独立学科阶段指的是21世纪至今的这一阶段。

在该阶段,体育教学论研究在整体上有了自己的内容,构建了自己的框架并形成了自己的独立体系。

2004年,教育部《普通高等学校体育教育本科专业主干课程教学指导纲要》正式将"体育课程论"作为普通高等学校体育教育专业主干课程。自此,体育教学论开始从其他教学理论中彻底分离出来,成为一门独立学科,承担起传授体育原理和理论,培养体育教学人才的重任。

二、当前我国体育教学论存在的问题与思考

从学科发育状况来看,我国体育教学论的研究成就十分突出,但不容忽视的是,我国体育教学论作为一门完整的学科,仍然存在许多问题,需要引起我们的思考。下面主要从体育教学论研究方法存在的不足和体育教学论理论构建和实践指向的问题两个方面出发,对当前我国体育教学论研究存在的问题进行研究与思考。

（一）体育教学论研究方法存在的不足

我国体育教学论研究方法存在的不足主要体现在以下几个方面：

第一，目前我国的体育教学论研究所采取的哲学方法倾向于认识论，加之历史辩证法的应用不到位，存在全盘肯定和彻底否定的现象。

第二，目前我国的体育教学论研究方法对体育教学过程认识活动的分析是静止的、机械的，研究结论或要求有很强的强加性和主观任意性，不能很好地证明体育教学过程客观规律的必然性和复杂性。

第三，目前我国的体育教学论研究方法有的是对其他理论的机械重复，有的是对其他理论的简单借鉴，很难形成独立体系。

第四，目前我国的体育教学论研究方法存在"无为论"现象，即体育教学论研究者在方法论方面没有建树，任其自由发展。

（二）体育教学论理论构建与实践指向的问题

体育教学论是一门理论型应用学科，具有理论性和实践性双重性质，这就使得我国目前的教学论容易出现理论构建与实践指向两个方面的问题，下面对其进行具体分析。

1. 理论构建问题

在理论构建方面，体育教学论作为一门理论学科，其理论研究和理论本身并不是相等的，如果只是为了理论而理论，必然会出现理论实用性不强的问题。

目前，我国的体育教学论研究就存在严重的"为理论而理论"的问题，研究者过于注重从教学论中移植相关理论知识，沉迷于将体育教学的目标、本质、模式、策略、设计等转化为理论观点，而忽略了对真实体育教学实践活动的研究，使得体育教学论研究和体育教学的现实发展严重脱节。

2. 实践指向问题

在实践方面，体育教学论是一门具有很强应用性的学科，其理论具有实践指向性。但需要注意的是，体育教学论所具备的实践指向性并不能决定学科研究中的实用主义倾向。

也就是说，体育教学论研究一方面要立足实践，研究和解决实际问题，并在此基础上，构建理论体系，为体育教学实践提供正确的、科学的理论指导，如此循环往复。另一方面也要注意不能停留在就事论事的肤浅思考上，而不对体育教学中出现的现实问题进行归纳、反思、升华。

目前，我国体育教学论研究就出现了立足实践经验但缺乏归纳反思的问题，研究者将体育教学论研究的重点放在和体育教学活动直接相关的具体操作上，而忽略了体育教学活动中具有普遍性、联系性意义的内容，缺乏归纳反思，缺少整体把控，没有进行升华，在研究视角上有很大局限性，这就使得我国体育教学论研究不成系统，日趋单薄。

第三节 体育教学与相关学科理论

体育教学虽然是一个独立的学科，但其和美学、教育学、社会学等学科之间存在着千丝万缕的联系，理解体育教学与相关学科理论，对进行新时代高校体育教学理论探索与实务研究具有积极意义。本节主要对体育教学与相关学科理论进行分析，内容包括三个方面，一是体育教学与美育。二是体育教学与德育。三是体育教学与人的社会化。

一、体育教学与美育

（一）美在体育教学中的体现

体育教学中存在着各种各样的美，如教师和学生形态之美、教学环境之美、教学内容之美、教学过程之美等，下面对其进行具体分析。

1. 教师和学生形态之美

教师和学生形态之美是体育教学中十分独特的一种美，是体育教学有别于其他学科教学的一种美。

所谓教师和学生的形态，具体来说就是体育教师和学生在体育教学实践中表现出的行为方式的总和，其内容十分丰富，不仅包括体育教师和学生的言行举止，也包括体育教师和学生的面部表情等。

而教师和学生的形态之美，指的就是体育教师的言行举止、面部表情等表现出来的美。

在体育教学活动中，体育教师的形态之美和学生的形态之美之间存在着十分密切的联系，两者相互影响，相互感染，共同凸显体育教学之美。尤其是体育教师的形态之美，更是无时无刻不在影响着学生，对学生的形态之美起到了不容忽视的示范和引领作用。

2. 教学环境之美

体育教学中的教学环境之美主要指的是体育教学的外部环境之美，具体体现在场地和器材的选择与布置上。

人的活动会在很大程度上受到环境的影响，体育教学作为体育教师和学生的活动，必然也会受周围环境的影响。优美的体育教学环境能够给学生带来美的感受，使学生在参与体育教学活动、学习体育知识和技能的同时享受美，从而提高学生的体育学习的兴奋性和积极性。

此外，体育教学环境之美还具有以下几个方面的意义：第一，克服学生在体育学习过程中的紧张心理，第二，消除学生在体育运动过程中产生的疲劳，第三，帮助学生更好地理解和掌握体育知识与技能。

3. 教学内容之美

教学内容之美是体育教学中特别重要的一种美，这一方面是因为体育教学内容自身在体育教学活动中占据着不可或缺的突出地位，另一方面是因为体育教学中很多美的因素都会体现在体育教学内容之中。

具体来说，体育教学内容之美主要体现在以下两个方面：

第一，体育教学内容蕴含着社会美、艺术美、自然美、科学美等诸多美的因素，它们都源于人类文化知识体系。

第二，体育教学内容之中蕴含着加工之后的美，这些美是体育教师和学生在体育教学活动中相互联系、彼此影响、共同努力加工创造的美。

需要注意的是，体育教学内容之美不单单指的是体育教学内容的外在形式之美，体育教学内容之中还蕴含着十分丰富的内在美。体育教学内容的内在美主要包括以下几点：第一，崇高的理想，第二，高尚的情操，第三，坚强的意志，第四，顽强的品质。

4. 教学过程之美

体育教学过程是体育教学中不可或缺的一个要素，其美主要体现在以下几个方面：

第一，体育教学过程中体育教师和学生表现出来的活动，不但具有创造之美，还具有丰富之美。

第二，体育教学过程体育教师和学生的互动，一方面具有和谐之美，另一方面也具有形态之美。

第三，体育教学过程能够凸显体育教师的独特性和学生的个性，因而具有独特之美与个性之美。

第四，体育教学过程具有完整性、有序性、节奏性等特征，能够体现完整美、有序美、节奏美等。

（二）美学在体育教学中的作用

美学在体育教学中扮演着十分重要的角色，发挥着不可替代的作用。具体来说，美学在体育教学中的作用主要体现在以下几个方面：

1. 丰富体育教学理论

随着体育教学的不断改革和发展，目前国内外关于体育教学理论的研究正在逐渐增加，体育教学理论日渐繁荣。

但是，在现阶段的体育教学理论研究资料中，从社会政治经济角度和社会生产力发展角度对体育教学理论展开研究的资料有很多，而从其他视角展开研究的研究资料却很少，尤其是从人的价值、人自身发展角度对体育教学理论进行研究的资料更是少之又少。

美学能够为体育教学理论研究提供新的研究视角，使体育教学理论研究能关注到学生自我价值的实现，能观注到学生身心全面的发展，从而在很大程度上丰富体育教学理论。

2. 改善体育教学问题

目前，体育教学存在一个十分严重的问题，即只注重知识传授、技能提高和思想品德教育，而忽略了对学生的情感激励和个性熏陶。将美学理论应用在体育教学之中，能够有效改善这一问题。体育教师可以依据学生的实际情况有针对性地对学生进行培养，通过情感激励和个性熏陶来丰富学生对美的情感体验。

3. 提高体育教学效果

新时代体育教学的目标和任务不是单一的，体育教师不但要向学生传授体育知识和技能，而且要触及到更深层次的品格塑造和能力培养，最终实现学生身心全面发展。体育教师要想提高体育教学效果，完成体育教学的目标和任务，就不能忽视美的教育，不能忽视美学的作用。

具体来说，美学在提高体育教学效果方面的功能和作用主要体现在以下两个方面：

第一，体育教师在组织体育教学活动之前，要根据体育教材的具体内容和学生的实际情况等进行备课，美学的应用可以让体育教师在课前准备过程中体会体育教学内容之美，并通过具有创造性的体育教学方法将这种美充分展现给学生，以此塑造和培养学生的内在美，提高体育教学效果。

第二，体育教师是体育教学的主导者，通过美学的应用，体育教师可以对学生进行有益引导，提高学生创造性学习的能力，从而使学生在体育理论知识、体育运动技能、身体素质、思想品德、情绪情感等方面都有所发展，以此使体育教学效果得到有效提高。

二、体育教学与德育

（一）体育教学与德育的关系

体育教学与德育之间存在着十分密切的联系，一方面，体育教学是德育实现的主要途径；另一方面，德育又是体育教学质量提高的主要途径。下面从这两个方面出发，对体育教学与德育的关系进行具体分析。

1. 体育教学是德育实现的主要途径

体育教学是德育实现的主要途径，具体体现在以下两个方面：

一方面，体育教学的根本目标是增强学生身体素质，促进学生身心健康发展，将学生培养成德、智、体、美、劳全面发展的优秀人才。由此而见，德育是体育教学的重要组成部分，体育教学能够在一定程度上实现德育的发展。另一方面，体育教师在体育教学实践中会采取多种不同的教学形式，无论是哪一种体育教学形式，都是以培养优秀体育人才为目的的，也都会体现出一定的德育思想。由此可见，对学生进行体育教学，有助于德育任务的顺利完成和教学效果的大幅提高。

2. 德育是体育教学质量提高的主要途径

德育是体育教学质量提高的主要途径，原因在于只有学生从思想上认识并理解体育学习的效用，才能够更加积极地、主动地进行体育学习，由此体育教学活动便可顺利开展，体育教学质量也能得以提高。

具体来说，在体育教学中实施德育，能够提高学生的思想认识能力，端正学生的学习态度，使学生认识并理解体育学习的重要性，从而激发学生体育学习的兴趣和热情。

（二）德育在体育教学中的作用

德育在体育教学中的作用主要体现在两个方面，一是促进学生全面发展，二是扩大学生对他人和社会的影响，下面对其进行具体分析。

1. 促进学生全面发展

在体育教学中实施德育，就是将理论与实践结合起来，统一学生身体与心理、思想与行为，强化学生的理想信念，这就能够在很大程度上促进学生知、学、行的统一，实现学生体育实践能力和思想意识等的统一，从而促进学生全面发展，使学生成为德才兼备的栋梁。

2. 扩大学生对他人和社会的影响

随着社会的不断进步和经济的日渐繁荣，新时代学生必须要具备较高的综合素养，才能更好地适应社会发展的需要，为社会做出贡献。

在体育教学中实施德育，不仅和学校教育需求相适应，也和社会发展相适应，能够促进学生全面发展，提高学生综合素质，从而扩大学生对他人与社会的积极影响。

三、体育教学与人的社会化

（一）人的社会化概述

所谓人的社会化，指的就是社会将一个"自然人"教化为"社会人"的过程。人的社会化是一个对社会生存和发展极为重要的命题，在社会的生存和发展方面的影响是重要且深远的。

（二）体育教学对人的社会化的影响

体育教学对人的社会化有着十分重要的影响，一方面，体育教学是培养社会角色的主要途径；另一方面，体育教学有助于学生良好个性的形成，下面对这两个方面进行具体分析：

1.体育教学是培养社会角色的主要途径

体育教学是培养社会角色的重要且有效的途径，在人的社会角色培养上发挥着不容忽视的作用，具体体现在角色扮演和模仿学习两个方面，下面对其进行简要介绍。

（1）角色扮演

学生在体育教学中可以充当多种角色，如体育学习中的学生、体育比赛中的运动员和裁判员、体育日常训练中的教练员等。角色扮演能够在很大程度上帮助学生更好地理解不同角色的任务，使其认识到角色的多样性和稳定性，从而提高学生扮演角色的技能，培养学生对社会角色的态度、情感、心理习惯、社会习惯等。

（2）模仿学习

体育教学活动中通常包括体育教师的示范教学和学生的模仿学习两部分内容。其中，学生的模仿学习可以使学生深刻体会到他们所扮演的角色的感受，强化自身的集体意识和社会意识，从而更深刻地理解和认识自己在社会中扮演的角色所处的位置以及所表现出的行为，进而使自己的社会适应能力得到进一步的提升和强化。

2.体育教学有助于学生良好个性的形成

学生个性的形成主要受两个方面因素的影响，一是遗传因素，二是社会环境因素。其中，社会环境因素主要包括三个方面的内容，一是家庭因素。二是学校因素。三是社会因素。

体育教学是影响学生个性形成的学校因素之一，对学生良好个性的形成具有积极意义，具体体现在以下两个方面：

第一，在体育教学活动中，学生的体育学习通常需要身体的直接参与，加之体育学习具有很强的开放性，体育教师与学生之间、学生与学生之间的沟通和联系也就变得非常频繁，这无疑对学生良好个性的形成具有推动作用。

第二，体育教学的学科特性使其能够提高学生的学习自主性，培养学生的意志品质，帮助学生建立集体主义价值观，这些对学生良好个性的形成均具有积极影响。

第三章 高校体育教学的创新性探索

创新是高校体育教学发展的动力，近些年，许多专家、教师对体育教学进行了创新性探索，并取得了一定的成果。本章对高校体育教学的创新性探索进行了具体研究，主要包括三个方面的内容，即现代体育教育新理念、体育教学的人文主义探索、体育教育中新技术的运用。

第一节 现代体育教育新理念

当下，我国现代体育教学的新理念主要有三个，分别是"健康第一"理念、"以人为本"理念和"终身体育"理念。对这些教育理念进行必要的分析和研究，对我高校体育教育的发展、体育教学活动的开展等都具有重要的意义。本节主要对这三种体育教育理念进行具体的阐述。

一、"健康第一"理念

（一）"健康第一"理念概述

1. "健康第一"理念的内涵

"健康第一"这一理念首次出现是在 20 世纪 50 年代。中华人民共和国成立之后，我国体育领域发展面临的首要问题是国民体质较差、对青少年儿童的健康教育落后。为了改变这一现状，毛泽东同志在 1950 年首次提出了"健康第一"

这一理念。[①]

但由于受到多方面因素的影响，"健康第一"这一理念并未得到切实的贯彻，这种情况一直持续到20世纪90年代。从20世纪90年代开始，国际、国内环境都发生了巨大的变化，我国体育事业也得到了进一步的发展，随着体育教育改革不断深入，"健康第一"理念开始引起了社会重视。需要指出的是，这一时期"健康第一"理念所包含的内蕴是区别于20世纪50年代的，它是在我国素质教育改革大背景下形成的一种具有创新意义的教育理念。

当下的"健康第一"教育理念是在20世纪90年代教育理念的基础上发展而来的，其主要包含两个方面的内容：第一，体育教育的首要目标是促进学生身心健康；第二，体育教育的基本目标是使学生掌握必要的运动知识和技能。

2."健康第一"理念的依据

"健康第一"理念的依据是体育教育理念得以形成和不断发展的重要凭证。具体来说，"健康第一"理念的依据主要包括两个层面的内容：就国际而言，"健康第一"理念符合世界发展的潮流；就我国而言，"健康第一"理念适应当代社会发展的需求，对社会进步、学生身心的健康发展等具有巨大的助益。

3."健康第一"理念的特点

"健康第一"理念的特点主要分为三方面，分别是强调素质教育、健康的基础是身体健康、健康的全面性，具体分析如下：

（1）强调素质教育

相较于传统体育教育理念，"健康第一"理念所强调的是一种素质教育。该理念认为，学校体育教育的首要目标是促进学生身心健康，这与我国的素质

[①] 毛泽东：《改造我们的学习》，解放社1950年版。

教育理念是完全一致的。

（2）健康的基础是身体健康

健康的体魄是学生参与教学活动和体育运动的基础与前提，只有保证学生拥有健康的身体，学校的教学活动才能有序地开展。因此，学校应将学生健康体魄的养成摆在教学活动的重要位置。

（3）健康的全面性

健康的全面性主要体现为"健康第一"理念所倡导的"健康，是一种多维的健康，而这种多维的健康不仅强调学生身体的健康，更强调学生心理的健康、道德的健康以及良好的社会适应能力。

（二）"健康第一"理念的实际应用

"健康第一"理念的实际应用，即该理念在我国高校体育教育中的应用。这里主要从体育教育目标的明确、体育课程体系的调整、体育教学方法的优化和体育教学评价体系的完善四个层面来阐述"健康第一"理念的实际应用。

1.体育教育目标的明确

"健康第一"理念对我国高校体育教育的发展提出了新的目标要求。当前，我国高校体育教育的根本目标是"育人"，这本无可非议，但在具体执行的过程中"育人"目标往往变成了对学生学习成绩提升的追求，而忽略了学生其他方面发展的需求。"健康第一"理念在高校体育教育中的应用，则明确了体育教育的目标，即促进学生身心素质的全面提高。这种全面提高要求学校在开展体育教育活动时，将体育教育与美育、智育、德育有机结合在一起，从而使学生真正成为全面发展的人。

2. 体育课程体系的调整

体育课程体系的调整是高校体育教育改革中的一项重要内容,对推动体育教学活动的顺利开展、学生身心健康水平的提高等方面都具有重要的意义。

基于"健康第一"理念,高校体育课程体系的调整开始将学生作为课堂教学活动的主体,不仅重视学生对体育知识与技能的掌握,同时还关注学生心理素质的全面提高。具体来说,高校在调整体育课程体系时,要在遵循课程发展规律的同时,充分考虑学生身心发展的特征与规律,确保体育课程体系的设置能够促进学生身心的健康发展。

3. 体育教学方法的优化

体育教学方法的优化是有效推进体育教学活动、提高体育教学效果的一个重要举措。基于"健康第一"理念所进行的体育教学方法优化,是一种符合体育教育自身发展规律和学生身心发展特征的优化,这种优化对于促进体育教育自身的发展、培养学生的健康意识、提高学生的学习效果等均有巨大的助益。

4. 体育教学评价体系的完善

在传统体育教育理念的指导下,高校所进行的体育教学评价往往将学生对体育运动知识与技能的掌握程度作为最重要的评价标准,这虽然能够在一定程度上增进学生对体育运动知识与技能的掌握,但从长远来看,是不利于学生全面发展的。而在"健康第一"理念的指导下,高校开始补充并完善体育教学评价体系,将学生置于教学评价的重要位置,并以学生体质的增强、心理素质的提高作为重要的评价依据,这无疑会对学生的全面健康发展产生积极的影响。

二、"以人为本"理念

（一）"以人为本"理念概述

1. "以人为本"理念的内涵

当下，"以人为本"理念已经成为我国体育教育所坚持的一个重要指导思想。该理念认为，学校体育教育的出发点和归宿都是学生，体育教育的根本目的是促进学生的全面发展。

2. "以人为本"理念的核心

"以人为本"理念的核心主要包括以下几个方面的内容：其一是肯定学生在教育活动中的主体地位和作用，其二是尊重学生在体育教育活动中所呈现出来的差异性特征，其三是鼓励学生在体育教育活动中充分发挥自己的主观能动性和创造性，其四是确保学生能够通过体育教育活动不断发展自己。

3. "以人为本"理念的教学要求

"以人为本"理念的教学要求主要包括以下几点：其一，要求所有的体育教学活动都必须贯彻"以人为本"的教学原则，将学生置于教学活动的主体地位，充分发挥学生的主体作用。其二，要求教育者在教学活动中将学生的全面发展与终极价值的实现有机地结合在一起。其三，要求教育界转变体育教育模式，即突破传统机械的体育教育模式，使体育教育真正转变为人的教育。其四，要求教育者在体育教学过程中体现人文关怀，关心学生、尊重学生、与学生建立平等的师生关系，促进学生的全面发展。

（二）"以人为本"理念的实际应用

"以人为本"理念的实际应用，主要指"以人为本"理念在我国高校体育教育中的应用。下面将从体育教育目标的进一步明确、体育课程内容的进一步丰富、体育教学形式的进一步多样化、师生关系的进一步和谐、体育教学评价的进一步完善五个角度出发，对"以人为本"理念的实际应用进行具体分析。

1.体育教育目标的进一步明确

"以人为本"理念对体育教育目标的进一步明确主要体现在社会本位目标与学生本位目标的统一层面。其中，社会本位目标将社会作为体育教学的价值主体，认为体育教学的重要目的是满足社会发展的需要；学生本位目标将学生作为体育教学的价值主体，认为体育教学的出发点和最终归宿都是为了促进学生的全面发展。"以人为本"理念将这两大目标有机地结合在一起，不仅能够为学生的全面发展创造有利的环境，而且对社会需求的有限满足有重要意义。

2.体育课程内容的进一步丰富

在"以人为本"理念的指导下，高校的体育教育课程内容越来越重视与学生日常生活的联系，越来越关注学生的实际需求，呈现出进一步丰富的发展倾势，这种丰富性主要体现在以下几个方面：①课程内容更具娱乐性，②课程内容更具趣味性，③课程内容更具创新性，④课程内容更具实用性，⑤课程内容更具健身性。

3.体育教学形式的进一步多样化

体育教学形式的进一步多样化主要体现为"以人为本"理念所倡导的以学

生为本的教学形式，重视学生在体育教学活动中主体性的发挥，而学生之间由于多方面因素的影响，同时又存在诸多客观的差异，这就要求教育者在具体的体育教学活动中采取多样化的教学形式，以满足不同学生的学习需求，从而调动学生参与体育教学活动的积极性和主动性，为学生的全面发展奠定良好的基础。

4. 师生关系的进一步和谐

"以人为本"理念强调学生在体育教学活动中的主体地位，同时要求教育者主动与学生沟通和交流，尊重学生、爱护学生，进而建立平等、和谐的师生关系。具体来说，在体育教学活动中，教育者要想确保师生关系的进一步和谐，需做好以下几个方面的工作：其一是尊重学生的人格和权益，其二是尊重学生主体之间的差异性，其三是善于鼓励学生。

5. 体育教学评价的进一步完善

体育教学评价的进一步完善主要体现为"以人为本"理念要求教育者在进行体育教学评价时，不仅关注学生体育教学任务的完成情况，更要关注学生通过体育教育活动所取得的进步。学生是完整的人，学生的发展是全面的发展，因此，体育教学的评价也应该是全方位的，应该在坚持"以人为本"原则的基础上，全面了解和评价学生在体育教学活动中的表现和取得的成就，不仅要指出学生需要进一步完善的地方，更要鼓励学生所取得的进步，以激发学生学习的积极性，使学生能够主动投入到体育教学活动中去。

三、"终身体育"理念

(一)"终身体育"理念概述

1. "终身体育"理念的内涵

终身体育,简单来说就是把体育健身贯穿于个体生命的始终。换句话说,个体在自己的一生中,都要进行必要的身体锻炼、体育教育或指导,以促进自身的健康发展。

"终身体育"理念是社会发展到一定阶段的产物,它的形成是内部因素与外部条件综合作用的结果。就内部因素而言,随着社会深入发展,个体越来越深刻地认识到体育锻炼的价值与意义,形成了强烈的体育参与意识,这种意识为终身体育思想的形成奠定了基础;就外部条件而言,经济的高速发展、科技的不断进步、体育锻炼设施设备更加健全等因素,这些都为"终身体育"理念的形成提供了坚实的外部保障。

2. "终身体育"理念的特征

"终身体育"理念的特征主要有三个,即体育锻炼时间的终身性、体育锻炼群体的全民性、体育锻炼目的的实效性,具体分析如下:

(1) 体育锻炼时间的终身性

体育锻炼时间的终身性主要体现为"终身体育"理念所倡导的是个体在整个生命过程中的体育锻炼,不再将个体接受体育教育的时间局限于在校期间,强调个体通过终身锻炼从而受益终身。

（2）体育锻炼群体的全民性

体育锻炼群体的全民性主要体现为"终身体育"理念是一种面向全体人群的教育理念，认为接受终身体育教育的是所有人。从整体上来讲，体育锻炼群体的全民性主要体现在两个层面：就对象而言，终身体育教育应涵盖儿童、青少年、成年人、老年人；就范围而言，终身体育教育应包括学校体育教育、家庭体育教育、社会体育教育方面等。

（3）体育锻炼目的的实效性

体育锻炼目的的实效性也是"终身体育"理念的一个重要特征。"终身体育"以促进人的全面发展为根本着力点，呼吁人们长期参与体育锻炼。人们基于提高自身健康水平和生活质量的目的，积极参与到体育锻炼中去，并根据自身的运动状况选择恰当的运动方式，有针对性地进行体育锻炼，为自身的健康发展提供有力的支持，这也是体育锻炼目的实效性的重要体现。

（二）"终身体育"理念的实际应用

"终身体育"理念的实际应用，主要指"终身体育"理念在高校体育教育中的应用。这里主要从学生"终身体育"思想的培养、"终身体育"教学课程的设置、"终身体育"教学方法的运用和学生需求与社会需求的统一四个方面出发，对"终身体育"教育理念的实际应用进行具体分析。

1.学生"终身体育"思想的培养

人们参与运动并坚持长期的体育锻炼，首先需要充分认识和准确把握"终身体育"的内涵，并以此为基础，建立和培养自身的"终身体育"教育理念。当下，随着经济社会的快速发展，人们的生活节奏越来越快，所面对的压力也更加激烈,这对人们的身体健康造成了非常不利的影响,而如果身体状况不理想,势必会影响个体的学习、生活和工作状况。终身体育锻炼则能够在很大程度上为个体适应能力、抗压能力的提高提供巨大的助力,因此,个体应当正确认识终身体育的内涵,参与终身体育锻炼。

就高校而言,教育者应当在具体的体育教学活动中,帮助学生正确认识终身体育的科学内涵和价值,引导学生树立终身体育的观念,培养学生终身体育的思想,端正学生体育学习的态度,使学生在增长体育知识与技能的同时,能养成长期参与体育锻炼的良好习惯,为学生的健康发展助力。

2."终身体育"教学课程的设置

"终身体育"理念所追求的是一种全面的发展,这就要求高校所开展的体育教育活动,不能将关注的重点仅仅局限于学生对某一特定运动技能的掌握上,更应该重视学生通过体育教育是否能够获得身心的健康发展,这不仅包括身体素质、运动能力等有所提高,心理状况也应有巨大的改善。为此,高校应在坚持"终身体育"教育理念的基础上,开设具有多功能和综合性的体育课程。

具体来说,高校在设置体育教学课程时,应重点关注以下两个方面的内容:其一,体育教学课程目标的设置要合理,这种合理性体现为既能客观评估学生体育知识与技能的掌握情况,又能评估学生体能、身体素质的发展情况。其二,选用体育课程内容时,一方面要重视健身类体育项目的选定,另一方面要重视休闲体育项目和时尚体育项目的引进,确保体育课程内容既能有效激发学生的学习兴趣,又能够提高学生的运动水平和身体健康水平。

3."终身体育"教学方法的运用

对高校而言，贯彻落实"终身教育"理念的关键是激发学生参与体育运动的热情、培养学生进行体育锻炼的习惯。为此，教育者在开展体育教育活动时，应采取多元化的教学方法来引导学生积极参与体育活动。

具体来说，在体育教学过程中，教育者应根据学生的具体情况和课程的具体内容，运用多元的教学方法，营造良好的学习氛围，调动学生的学习兴趣，使学生充分感受到体育运动的乐趣、价值与魅力，使学生能积极、主动地投入到体育教学过程中去，并在参与过程中增强自身的体育意识，培养自身体育锻炼的习惯，在掌握相关体育知识与技能的同时，提高自身的身心素质。

4.学生需求与社会需求的统一

高校是一个为社会培养高素质人才的重要场所，而不管是哪一类人才，首先都需要拥有一个健康的体魄，这样才能为之后走上社会发挥自身的才能、彰显自身的价值提供必要的保障。

为了更好地为社会提供高素质人才，高校需要促进学生需求与社会需求的行机统一，把追求体育的健身价值与人文价值有机结合起来，全面提高学生的综合素质和终身体育能力，从而使学生的个人能力能够得以发挥、社会的需求能够得以满足。

需要注意的是，虽然学生的终身体育发展为社会对人才的需求奠定了人才基础，但学生毕竟是独立的人、完整的人、全面发展的人，这就要求高校在为社会培养高素质人才的基础上，遵循"以人为本"原则，将"健康第一"置于重要位置，以真正实现学生综合素质的全面提高。

第二节 体育教学的人文主义探索

人文主义对我国体育教育产生了重大的影响，对体育教学的人文主义进行探索是具有重要意义的。下面将先对人文主义进行解析，再对人文主义思想对体育教学的影响进行讨论。

一、人文主义解析

（一）人文的概念与分类

人文是人类社会中的各种文化现象，指人类文化中优秀的、健康的、先进的、科学的部分，即先进的价值观及其规范。简单来说，人文就是重视人的文化。

文化是人类、民族和人群形成的特定的价值观念、信息符号、行为和道德规范。在人类文化中，人的价值观念是整个文化的核心；信息符号是文化的基础，具有实现信息之间的沟通、影响文化的继承与发展等作用；行为与道德规范是人类文化中的重要内容，起着规范与制约人类文化的作用。作为一种先进的文化思想，人文体现出了尊重、重视、关爱他人等多方面的内涵。

人文可以分为八类，具体如下：

第一，教育，包括科学教育、素质教育等。

第二，历史，包括中国历史、世界历史等。

第三，文化，包括文学等。

第四，艺术，包括美术、音乐、电影等。

第五，社会，包括法律、政治、经济等。

第六，美学，是跨学科的，涉及美术、文学、哲学等领域。

第七，哲学，包括思想、宗教等。

第八，国学，包括易学、诸子等。

（二）人文主义精神

关于人文主义精神的概念，可以从狭义和广义两个方面理解。

狭义的人文主义精神指的是文艺复兴时期的一种思潮，其核心思想具体如下：①关心人，以人为本，反对神学对人的压抑。②张扬人的理性，反对神学对理性的贬低。③主张灵肉和谐，主张超越性的精神追求。

广义的人文主义精神是一种普遍的人类自我关怀，表现在对人的价值、尊严的维护与关爱，对人的全面发展的肯定，对人的精神文化的高度重视等方面，其基本内容具体如下：①人性，对人的幸福与尊严的追求。②理性，对真理的追求。③超越性，对生活意义的追求。

我国学者对人文主义精神也进行了一定的研究。学者王汉华对人文主义精神进行了梳理，认为人文主义包括以下几个方面的内容：

第一，就科学角度而言，人文主义精神是对知识、真理与科学的追求。

第二，就道德角度而言，人文主义精神是对道德信念、行为与修养的重视。

第三，就价值层面而言，人文主义精神是对自由、平等、正义的呼唤与渴望。

第四，就终极关怀层面而言，人文主义精神是反思幸福、生死、社会终极价值等问题。

第五，就人文主义层面而言，人文主义是尊重人、关心人，是重视人的主体性。[①]

总的来说，人文主义精神的基本内涵是尊重人的价值、尊重人的精神的价值。

二、人文主义思想对体育教学的影响

人文主义精神对体育教学的影响是深远且重大的，具体表现为以下几点：

（一）促进传统体育教学理念的更新

受人文主义思想的影响，在体育教学改革与发展的过程中出现了"学习领域目标""课程目标"等新的概念，教学目标也被划分成了多个层次，身体健康与运动技能这两个目标得以确立，同时心理健康、社会适应等目标也开始出现。

到了21世纪，我国一些专家学者针对人文教育与科学教育这两种观点展开了讨论。当时科学教育在我国体育教育中起着主导作用，大学教育呈现出科学至上的原则，人文主义精神则相对缺失，这对我国体育教育产生了一些不良影响。而在人文教育与科学教育这两种观点的讨论中，在体育教学改革与发展的过程中，人文主义精神逐渐开始回归，体育教学中开始出现人文主义精神的印记，体育课堂开始生动且丰富起来，学生的学习氛围也更加轻松、愉悦，体育教学的质量与效果也有了一定的提升。

（二）促进体育教学课程体系的调整

课程体系是体育教学与发展过程中的重要组成部分，课程体系的优化能够使体育教学的内容变得更加丰富，也更能够满足学生的多样化需求。

---

① 王汉华：《实践唯物主义原理诠释》，中南大学出版社2004年版。

在具体的实践中，有的学校在设置教学课程时，其他学科为了赶上教学进度，占用了体育课的课时，且没有为学生提供多样化、可供选择的体育教学内容，这种做法是不正确的。

在人文主义思想的影响下，学校认识到了学生的主体地位，也更加重视学生的需求，对体育教学课程体系也进行了相应的调整，在设置教学课程时充分考虑到了学生的客观需求、个性与性格特点、身体素质等基本情况，为学生提供了丰富多彩并可供学生选择的教学内容，还保障了学生的体育课时。

（三）促进体育教学方法的优化

教学方法是体育教学的重要组成部分，对教学方法进行改革，有助于体育教学效果与质量的提升。在人文主义思想的影响下，我国的体育教学方法得到了优化与发展，先进的教学方法使学生体会到了体育运动的快乐，感受到了体育运动的魅力，培养了人文主义精神，形成了终身体育思想。

（四）促进科学的体育教学评价体系的建立

在人文主义思想的影响下，体育教学评价体系也得到了发展与完善。新的教育评价除了对学生的全面评价，还重视对教师的评价。

1. 对学生的评价

在人文主义思想的影响下，体育教师对学生的评价变得更加全面且科学，具体阐述如下：

第一，教师在对学生的学习效果进行评价时，不再只单纯地关注学生的成绩，而开始重视对多方面的学习效果进行量化分析，同时也将定性评价和定量评价结合起来，以使评价结果更加科学。

第二，教师在对学生进行评价时，不仅要对其技术掌握情况进行评价，还要对学生的创新能力、学习态度、道德品质等进行综合性的评价。

第三，教师在构建评价体系时，不仅要重视评价体系的可操作性与合理性，更要重视评价过程中的人文关怀。教师会记录学生在课堂中的日常表现，通过学生在学习中的表现考查学生的情感态度变化与学习进步程度。

2. 对教师的评价

学校十分重视对教师的评价，并建立了相对完善的评价体系，希望全面且科学地对教师进行评价，具体阐述如下：

第一，在对教师进行评价时，将多种评价方式结合起来，包括定性评价与定量评价的结合、自我评价与他人评价的结合等。

第二，在对教师进行评价时，评价的内容更加具体，包括教师的教学能力、管理能力、课堂带动能力、沟通能力、创新能力等，希望能够通过对教师进行全方位评价，来帮助教师认识到自己的优势与劣势，从而在教学中能扬长避短。

（五）促进良好的体育教学氛围的营造

良好的教学氛围对体育教学的效果与质量的提升具有促进作用，人文主义精神有效地促进了良好的体育教学氛围的营造。换言之，加强人文环境建设有利于营造良好的体育教学氛围。

体育场馆与运动设施建设是人文环境建设的重要组成部分。良好的体育场馆与运动设施能够吸引学生积极地参与体育运动，为学生的体育运动提供物质基础与保障，有利于良好的体育教学氛围的营造。

体育文化建设同样是人文环境建设的重要组成部分。良好的体育文化能够使学生在潜移默化中受到影响，认可与接受与体育相关内容，并自觉主动地参与体育学习和进行体育运动。

（六）促进体育教师任务素质的提升

体育教师是教学活动的组织者与引导者，会直接影响学生参与体育教学的效果。人文主义精神的发展使体育教师认识到了人文主义的价值，并开始学习人文主义精神，接受人文主义精神的洗礼，由此教师的基本素质也就得到了有效的提升，整个教师队伍的素质也有了一定的提升。高水平的且具有人文主义精神的教师也能够培养一批出色的并富有人文主义精神的学生。

总的来说，人文主义精神对体育教学产生了深刻且长远的影响。体育教师应顺应时代发展的潮流，树立以人为本的现代体育观念，接受人文主义，并在具体的实践中体现人文主义精神的要求。

第三节　体育教育中新技术的运用

新技术在体育教学中的运用有效地改进了体育教学方式，促进了体育教育效果的提升，对体育教育的发展具有积极的意义。下面对我国体育教育中新技术的运用进行具体阐述。

一、现代教育技术概述

（一）教育技术的发展阶段

教育技术的发展可以分为三个阶段：

第一个阶段是传统技术阶段，技术工具主要是黑板、粉笔等。

第二个阶段是媒体技术阶段,技术工具主要包括无线电、摄影、电视等。

第三个阶段是信息技术阶段,技术工具主要是以计算机、互联网通信等为基础的多媒体。

(二)现代教育技术的具体阐述

1. 现代教育技术的基础

现代教育技术的基础是现代媒体,有了现代媒体的参与,现代教育技术才得以形成。媒体能够将教学内容通过图片、视频等形式直观地展现给学生,也能够突破时间与空间的限制,使学生能随时随地学习,缺少了媒体,现代教育技术也就无从谈起。

2. 现代教育技术的特征

现代教育技术的特征有两个:

第一,现代教育技术是一种系统技术,是现代多媒体技术的综合,需要与其他教育系统的因素进行配合。

第二,现代教育技术具有很强的实践精神,十分重视理性与科学性,同时也具有突出的可复制性、可度量性与可操作性的特点。

3. 现代教育技术的目标

现代教育技术的目标是实现教学最优化,能促进教学目标的实现。现代教育技术是一个综合性的系统,能够最大限度地实现教育资源的优化配置,进而促进教学的最优化。

(三)现代教育技术的作用

现代教育技术的作用十分突出,具体可以概括为以下几点:

1. 激发学生的体育学习兴趣

现代教育技术是一种新兴事物，在体育教学的过程中，使用现代信息技术课件辅助教学，能够对学生产生较大的刺激，激发学生的好奇心，并带给学生新奇的体验与感受，从而激发了学生对体育教学的兴趣，教学效果自然也会提升。

2. 提升学生的学习效率

现代教育技术能够将运动技能运用到体育教学中，如利用二维、三维等空间设计，全方位地对教学难点、重点进行分析，使学生能够更好地把握需要学习的内容。如教师在讲解前翻滚动作时，可使用课件慢放前翻滚技术动作，并讲解重点与难点动作，让学生认识到常见错误动作出现的原因与过程，并学习如何使用有效的手段与措施来避免出现这些错误动作。

3. 帮助学生建立清晰的动作表象

清晰的动作表象是形成技能的重要基础。在体育教学过程中，有很多技术动作是很难用语言表达的，讲解与示范的难度相对较大，效果也不尽如人意。而制作现代的信息技术课件，则能够有效解决上述问题，可以帮助学生理解动作、形成概念、记住形态，从而在大脑中形成清晰的动作表象。

4. 帮助学生建立正确的动作概念

让学生掌握一定的运动技能，并能够灵活地使用这些运动技能，是体育教学的任务之一。利用现代技术手段，能够帮助学生建立正确的动作概念，从而掌握基本的运动技能。如教师在运用现代网络视听媒体时，可以将优秀的运动员做的先进规范技术展示给学生。

5. 促进现代化的体育教学管理

体育教学管理的工作量是非常庞大的，借助计算机技术来安排教学管理工作，能够大大减轻体育教师的工作负担，促进现代化的体育教学管理。如每年的体行达标、期末考试成绩都需要体育教师进行总结、归类，此时教师可以借助信息技术手段，用 Access 数据库制作一个学校体育教学系统，将数据输入系统中，由系统自动计算出学生的总分、平均分等。

6. 加强了学生的健康教育

体行教疗的任务要求学生不仅掌握基本的运动技能，还应学会基本的健身原理与知识，但由于课堂时间有限，相关的健康教育知识又相对较多，导致健康教育相对缺失，而现代教育技术则可以解决这一问题。教师可以利用几分钟时间在课堂上提问一些学生密切关注的与健康相关的问题，由学生在课后利用网络查询答案，教师在下次课上利用几分钟时间总结即可，这样既有效节约了时间，又加强了学生的健康教育。

二、体育教学中应用新教育技术的注意事项

在体育教学中应用新的教育技术时，需注意以下几点：

（一）正确认识现代教育技术及其引起的思想变革

在具体的社会实践中，科学技术对社会的发展起到了极大的促进作用，也有效促进了体育教育的发展与进步，并对体育教育思想产生了一定的积极影响，对人类社会的发展与进步起到了推动作用。但我们必须明白，技术只是精神、文化的载体，教师并不能完全依赖于技术载体，而应不断提高自己的素质，借助技术手段来提高体育教育的效果。

虽然现代教育技术有了较好的发展，也在一定程度上得到了普及，但是也有一些人对现代教育技术持怀疑态度，认为使用现代教育技术进行教学，隔绝了教师与学生之间的关系，对教育是不利的。这种看法过于片面，虽然认识到了现代教育技术的弊端，却没有看到现代教育技术的优势，这是不正确的。体育教师不仅应认识到现代教育技术对教学活动的促进作用，也要认识到相应的缺点与不足，使现代教育技术的作用能够最大程度地发挥出来。

（二）依据实际情况运用现代教育技术

在具体的体育教学实践中，教师应根据实际情况灵活运用现代教育技术，具体应做到以下几点：

1. 依据学生的实际情况合理运用现代教育技术

学生是学习的主体，也是体育教学的关键。在具体的教学中，教师应以学生为主，根据学生的实际情况合理运用现代教育技术。比如，教师在选择现代教育技术制作相关课件时，应先对学生的兴趣爱好、学习情况、注意力特征等进行具体分析，在此基础上再研究现代信息技术类型的选择与运用的最佳环节。

2. 依据教学的内容合理运用现代教育技术

体育教学的内容是丰富多样的，有的教学内容适合运用现代教育技术，有些则不适合。因此，教师应对教学内容进行分析与思考，考虑该内容是否可以使用现代教育技术，如要使用，选择哪种技术更为合适。

3. 依据教师的能力合理运动现代教育技术

现代教育技术的发展十分迅速，有的教师因为接触现代教育技术的时间短、缺少必要的培训等原因，并不能完全掌握现代教育技术，在实践运用中难免会出现疏漏，这样反而会影响正常的教学进度。因此，教师在运用现代教育技术之前，应先对自身的能力进行衡量，确保自己能够灵活使用现代教育技术。同时，教师也应及时学习先进的现代教育技术，不断提升自己的能力，使自己对现代教育技术的运用更加得心应手。

（三）把握现代教育技术教学与传统教学的授课比例

运用现代教育技术教学具有省时省力、能直观地向学生展示技术动作、吸引学生兴趣等作用，在教学中运用现代教育技术是十分有益的。但需要指出的是，教师仍应重视传统教学。传统教学是基础，现代教育技术仅仅是辅助手段，让学生通过练习来掌握动作技能才是最根本的任务，不应过于重视现代教育技术教学而忽视传统教学，应把握好现代教育技术教学与传统教学的授课比例，课时安排应合理，不能本末倒置。

第四章 体育运动技能概述

本章主要从"运动技能概述""运动技能的'金字塔结构'""运动技能的属性""运动技能的目的"四个方面进行论述，目的是从理论入手来阐述运动技能的相关知识，进而为高效体育课堂的实现打好基础。

第一节 运动技能概述

一、运动技能概述和分类

运动技能是指有特定操作目标，涉及自主身体或肢体运动的技能。运动技能是人类生活不可或缺的重要组成部分，涉及人们日常生活、学习活动、生产劳动和体育活动中的各种行为操作。例如，日常生活中吃饭时筷子和勺子的使用，学习活动中的写字和打字，生产劳动中对生产工具的操纵，体育活动中的游泳、打球等，这些运动技能主要是借助于骨骼肌的运动和与之相应的神经系统的活动而实现的对器械的操作或外显的肌肉反应。例如：打高尔夫球和跳远这两种运动技能，前者主要体现为对球和杆的操作，后者主要体现为外显的肌肉反应。无论使用还是不使用器械，运动技能总是包含神经系统对有关肌肉的控制。

运动技能纷繁复杂，对其进行科学分类是进行该领域研究的前提。目前被广为接受且应用较多的运动技能分类方法有以下四种：

（一）封闭性与开放性运动技能

根据技能操作中环境背景的稳定性特征，可以将运动技能分为封闭性和开放性运动技能，操作中的环境背景包括个体操作技能的支撑平台、操作目标以及操作过程中涉及的其他个体。

封闭性运动技能的环境背景特征是稳定的，环境背景特征在技能操作过程中不会发生位置上的变化。例如，固定靶射击、跳水、体操、游泳、跳远、标枪、高尔夫球、篮球的罚球等均为封闭性运动技能。在完成封闭性运动技能的过程中，环境特征和技能的操作程序基本是固定的，个体很少需要根据环境和对手的情况来进行直接、迅速和反复的动作调节，可以较多采用本体感受器所介入的反馈来调节动作。学习这种运动技能关键在于反复练习，直到达到标准的模式和自动化程度为止。开放性运动技能的环境背景特征是不稳定的，即技能的操作目标、支撑平台和其他人始终处于运动状态。在完成开放性运动技能的过程中，个体必须根据环境的变化适时地对动作进行相应的调整，个体完成动作的时机和采取的动作主要由相关的环境线索决定。例如，拳击、击剑、足球的防守等都是开放性运动技能。学习开放性运动技能应达到减少开放性，或者说减少不可预测性，使个体确切把握环境的变化。

（二）非连续性和连续性运动技能

根据技能操作过程中动作的连贯程度，可以将运动技能分为非连续性和连续性运动技能。

非连续性运动技能的主要特征是运动技能的开始和结束非常明显，并且持续时间相对短暂，动作的完成带有一定的爆发性。例如，铁饼、标枪、举重、篮球的投篮等都是非连续性运动技能。连续性运动技能的主要特征是运动技能由一个接一个的动作组成，没有明确的开始与结束。例如，游泳、滑冰、跑步等都是连续性运动技能，这些技能可以任意确定开始点和结束点。在非连续性和连续性运动技能之间，存在着大量的系列技能。系列技能的运动操作是由一组非连续性运动技能联结在一起组成的一个新的、更加复杂的技能动作。例如，三级跳远、跨栏、跳高等都属于系列技能。完成系列技能的关键是系列动作之间的节奏。

（三）低策略性和高策略性运动技能

根据技能执行时所需要的认知策略的多少，可以将运动技能分为低策略性和高策略性运动技能。

低策略性运动技能是指技能操作成功的决定因素是动作本身的质量，主要要求操作者怎么做，对该做什么动作的知觉和决策要求比较小，如举重、游泳、体操等。高策略性运动技能是指技能操作成功的重要因素是决策在什么情况下做什么动作。例如，在羽毛球比赛中，杀球、勾球、放网等基本动作每个运动员都会，重要的是要知道在什么情况下用什么动作，才是比赛取胜的关键。现实中多数的运动技能都包含了决策制订和动作实施的复杂组合。

（四）小肌肉群和大肌肉群运动技能

根据完成动作时肌肉参与的不同，可以把运动技能分为小肌肉群和大肌肉群运动技能。

小肌肉群运动技能是指以小肌肉群活动为主的运动技能，具有细微、精巧的特点。例如，绣花、织毛衣、写字、打字等都是小肌肉群运动技能。大肌肉群运动技能是指以大肌肉群活动为主的运动技能，如举重、摔跤、跑步等都是典型的大肌肉群运动技能。这两类运动技能由于肌肉参与的差别极大，因此，彼此之间的相关性很低。

二、运动技能学习的理论

运动技能学习是指通过练习或经验，引起动作行为持久性改变的历程。对于运动技能学习的机制，研究者先后从不同的角度提出了多种理论解释，并且这些解释也随着人类对自身认识的深入而不断完善。

（一）连锁反应理论

连锁反应理论认为，可以用"刺激—反应—公式"的连锁反应系列来解释运动技能的形成。运动技能被理解为动作的连锁反应，刺激引起反应，第一个动作的反馈调节着第二个动作，第二个动作的反馈又调节着第三个动作……于是，就产生了运动技能的连续性操作。但是，连锁反应理论难以解释以下问题：人能在100毫秒之内开始、进行和停止一个动作，而利用感觉反馈所需的时间要比100毫秒长得多，因此快速运动技能的学习是无法用感觉反馈来解释的。连锁反应理论认为习得的运动技能是定型化的，这无法解释大多数运动技能具有新颖性的特点。

（二）信息加工理论

运动技能学习的信息加工理论主要是对运动技能学习信息加工过程中所涉及的加工装置、加工流程及各加工阶段的特点进行描述，揭示影响运动技能操作的内部组织性变量。Adams的闭环理论模型强调个体的自我调整，认为刺激的本体感受能控制习得性反应，技能是通过反馈与过去习得的参照标准进行比较而实现的。该模型认为，运动技能学习存在两种痕迹，即记忆痕迹和知觉痕迹。记忆痕迹是反应的选择和动装置，知觉痕迹是技能操作留下的痕迹或表象，它以反应生成性反馈刺激为基础，对技能操作有控制作用。闭环理论模型主张从信息的一般加工过程探讨运动技能操作的差异性，认为选择性注意、唤醒和决策是影响技能操作的重要因素。

闭环理论模型认为，信息的加工过程由感觉输入、知觉过滤、短时储存、有限注意通道、运动控制、运动输出和信息反馈组成，每一个阶段都有其自身的特点。模型将技能操作的信息加工过程分为三个阶段，即刺激辨别阶段、反应选择阶段和反应编程阶段。刺激辨别阶段要确定刺激是否存在，如果有，它是什么，这一阶段的作用是获得刺激的一些表征。反应选择阶段的任务是根据现有的环境特点，决定做什么动作。反应编程阶段的任务是对运动系统进行组织以完成所希望的动作，这个阶段的作用是组织好一个最终控制动作输出的运动程序，以产生有效的动作。

（三）控制理论

运动技能学习的控制理论是从控制论的角度对运动行为的变通性和适应性即运动控制进行解释的理论，较有代表性的有康德的图式理论、安德森（Anderson）的产生式系统理论和动力系统理论。

康德提出的图式理论认为，练习者在反复练习同一类别动作的过程中，每一次动作反应的结果与组成运动程序的参数均能形成一组相关数据而储存在记忆中，随着练习的进行，这种参数与动作结果间的对应关系逐步稳定，形成运动图式。运动图式是"将一定数量的同类动作的可变结果与运动参数相联系的一套规则"，运动图式指导或控制运动技能的操作。该理论揭示了运动图式发展的四种信息来源：一是初始条件的知识机体、环境状态，它用于技能操作的准备；二是反应规格的知识、动作要求，它在执行动作前使用；三是感觉结果；四是反应结果，即内在和外在的反馈信息。

安德森提出的产生式系统理论（ACT 模型，Adaptive Control of Thought model）认为，个体运动技能的认知表征是由条件行为对构成的产生式的集合，它们负责在特定条件下产生适当的行为。ACT 模型把人类的知识分成陈述性知识和程序性知识两类。所谓陈述性知识，是指动作的术语、要领、原理、规则等知识，它是用命题或心理表象的形式进行表征的，可以用言语来表达和用谈话法或书面的方式来测定。所谓程序性知识，是指如何去完成某种动作技能的知识，即有关什么时候运用或怎样选择适当的动作技能的知识，它是用条件行为进行表征的，除了可以用谈话或书面的方法来测定外，还可以用实际操作的方式来测定。从认知心理学的角度来说，学习一种新的运动技能最初表征为陈述性知识，而后才能使陈述性知识转化为程序性知识。

动力系统理论是一种以数学的动力系统理论为基础，探讨随着时间的变化而发生的人类行为状态的改变，即用数学中的状态空间、吸引子、轨迹、确定性混沌等概念来解释与环境下相互作用的主体的内在认知过程系统中的变量是不断变化的、系统是复杂的并服从于非线性微分方程。

三、运动技能学习的阶段模型

学习运动技能的一个重要特征，是获得技能时每个练习者都会经历截然不同的几个阶段。较有影响力的两种模型是菲茨（Fiats）和波斯纳（Poisoner）的三阶段模型以及 Gentile 的两阶段模型。

（一）菲茨和波斯纳的三阶段模型

菲茨和波斯纳提出的经典学习阶段模型将运动技能学习划分为三个阶段：认知阶段、联结阶段和自动化阶段。

1. 动作的认知阶段

在运动技能学习的开始阶段，练习者的注意力主要集中在认知问题上，应强调对任务的认知，即知觉和理解动作的术语、要领、原理或规则，以及做动作时应知觉的线索，包括来自身体内部或外部的线索。学习与技能有关的知识，在头脑中形成关于技能的最一般、最粗略的表象。

2. 动作的联结阶段

在这一阶段，认知阶段的知识得到了应用，练习者已经学会把某些环境线索与完成技能所需的活动联系起来，个体可以将注意力集中于如何能成功地完成技能，从认知转向运动，并且使它从一次练习到下一次练习更具一致性。这一阶段要强调在正确的知觉和积极思维的基础上进行反复练习，以找到改进动作的方法，合理地使用力量、速度，建立准确的空间方位，最后把动作各个组成部分联合成一个整体，即建立起动作连锁。

3. 动作的自动化阶段

在这一阶段，技能几乎变成自动而习惯化，个体不再有意识地去思考自己正在做什么，意识对动作的控制作用减少到最低限度。动作的执行完全由运动程序来控制，受本体感受器调节，无须特殊的注意和纠正，心理与机体的能量消耗出现节省化。许多运动技能需要经过大量的练习才能达到和保持自动化的水平。

（二）吉内尔（Genile）的两阶段模型

Genile 的两阶段模型，不仅强调了操作环境特征对练习者获得信息过程的影响，而且还提出了多种可以直接运用到实践的教学指导策略。

第一阶段称为最初阶段。在最初阶段，练习者需要完成两个目标：一是获得运动协调模式，二是学会区分所处周围环境中的调整和非调整的条件状况。

第二阶段称为后期阶段。在后期阶段，练习者需要完成三个目标：一是发展运动模式以适应不同的操作情境，二是提高完成技能目标的一致性，三是学会经济有效地操作技能的方法。

四、运动技能学习的特点

（一）运动技能是后天习得的

一些简单的或不随意的外显肌肉反应，如人的眨眼反射或摇头动作不属于运动技能，只有那些后天学得的并能相当持久地保持下来的动作活动方式才属于运动技能，它是以感知系统与运动系统间的密切协调为必要条件的动作活动方式，所以，人们常常又把它称为知觉运动技能。

（二）运动程序的作用

运动技能是由若干动作按一定的顺序组织起来的动作体系，任何一种运动技能都具有时间上的先后动作顺序和一定的空间结构。例如，原地推铅球这一运动技能，从持球蹬腿、转体到最后出手用力的动作顺序是不变的，动作的空间结构也具有稳定性。在经过充分练习的情况下，即运动技能达到熟练程度时，局部动作已综合成大的动作连锁并在神经系统中发展了一个内部运动程序，使完整的技能操作畅通无阻地进行。并且，优秀运动员熟练的运动技能都是由运动程序来控制执行的，很少需要视觉系统的监控。当然，技能的形成过程就是运动程序的获得过程。

（三）运动技能的自动化

运动技能是通过练习从低层次的感知系统与运动系统的协调关系向高层次的协调关系发展，最终达到高度完善和自动化的程度。运动技能的熟练程度越高，则自动化程度越高。例如，单手肩上投篮，随着熟练程度的提高，投篮技能越完善，而且意识参与控制的程度越少。当然，自动化并非没有意识的参与，只是意识参与的程度较低。

（四）能量消耗的节省化

运动技能的自动化成分越大，或者说运动技能越完善，技能操作过程中耗费的能量越少。完成同样的运动技能，初学者往往要消耗很多能量，而熟练者则能节省能量的消耗。与运动过程有关的能量消耗有三种：一是生理能量消耗，可以通过测量练习者在技能练习过程中的热量消耗来确定生理能量的消耗。二是机械能量消耗，可以通过计算练习者的新陈代谢来测定机械能量的消耗。三是知觉能量消耗，即练习者对能量消耗的主观感觉。

第二节 运动技能的"金字塔结构"

一、运动技能"金字塔结构"的建构

运动技能学习的过程依据它的外在表现形式，从运动生理学角度一般可以

划分为相互联系的三个阶段：泛化阶段、分化阶段、巩固提高与自动化阶段。从心理学角度一般划分为认知阶段、联结阶段、改进精炼阶段和自动化阶段。这是根据人体在表现技术时是否准确、流畅，是否出现冗余的动作，以及在技术表现上是否经济、实效来确定的。随着练习者的认知水平和能力的提高，逐步从运动技能的认知阶段（泛化阶段）上升到自动化阶段。

而且，一般我们将运动技能分为三个层面，即基础类运动技能、专门类运动技能与专项类运动技能，各个层面有不同的技能学习要求，对于学习者而言，习得能力也存在差异。例如，基础类运动技能的技术难度较低，要求不高，易于开展，绝大多数人能够习得。而到专项类运动技能阶段，强调动作的系统性和完整性，随着难度不断提高，能够掌握的人数越来越少。根据运动技能学习的迁移理论，学习者在学习那些较为复杂的技能之前应先学习最基础的基本技能，随着自身能力的提高，再学习技能要求高、难度复杂的专项技能，这样才是一个合乎逻辑顺序的技能学习过程。从基础类技能—专门类技能—专项类技能的发展趋势分析，呈现出逐步上升发展态势，越接近专项类技能，动作掌握程度越趋于熟练，动作表现就越呈现出有效性质、合理性、经济性的个性化的特征。所以，依据运动技能学习的基础理论，针对学校运动技能教学情况，本文提出"金字塔结构"。所谓金字塔结构，是由运动技能三个层次组成的：基础类运动技能处于金字塔的底端，是技能学习的初级阶段；专门类运动技能处于中间部分，是基础与专项类技能的过渡阶段；专项类运动技能位于金字塔结构的顶端，是技能学习的高级阶段。在不同学段，发展不同的运动技能。

二、三类运动技能的概念、内容、特征及教育价值

（一）基础类运动技能

1. 基础类运动技能的概念

基础类运动技能是指人在遗传获得的运动基因的基础上，经过后天的教育，建立的时空、时序等方面协同发展的一系列的条件反射所形成的人们赖以生存、生活、工作、学习和体育专门、专项运动技能发展的一种基础性运动能力。

2. 基础类运动技能的内容

基础类运动技能主要包括四个方面的内容：第一，基本身体素质，如灵敏、柔韧、协调、力量素质等。第二，基本运动方式，如走、跑、跳、投、攀爬、悬垂、支撑、搬运、负重、平衡、对抗、角力、滚翻等。第三，感知觉运动能力，是指对外环境中的刺激所做的观察和理解，并做出相应调节动作的能力，如视觉、听觉、触觉以及协调能力等。包括控制准确性、速度控制、多肢体协调、身体灵活性等。第四，认知—运动能力，是指在以肌肉收缩为特征的运动活动中人的认识活动的表现水平。包括运动知觉、运动表象、运动记忆、运动思维等能力。

3. 基础类运动技能的特征

基础类运动技能是在遗传的基础上，通过不同类型的训练方法与手段，随着时间的积累，在潜移默化中形成的。基础类运动技能还具有一些特性，如迁移性、适应性、概括性和工具性等。这里的"迁移性"实际上是指基础技能与其他技能的最大相关性或相似性。相关性或相似性大，其迁移转化性就强。总之，共同因素越多，越容易产生正迁移，基础技能动作越相同，迁移也越大，

面也较宽。比如，基础类运动技能是由基本的走、跑、跳、投等基础动作构成的，这些基本的技能有利于其他各运动项目的迁移。因此，基础技能的掌握，对其他项目的学习迁移具有促进作用。"适应性"是指基础技能的最大适用可能性。适用可能性大，对下一阶段的学习和工作来说实用性就强。"概括性"是指基础类运动技能的代表性。代表性强，就可以举一反三、触类旁通。"工具性"则是实践工作、学习、生活的服务性和有效性，服务性和有效性强实用性就更强。

4. 基础类运动技能的教育价值

（1）基础类运动技能为身体全面发展打好基础

学校体育教学的本质是通过运动的方式促进人的身心全面发展。走、跑、跳、投、翻滚等运动形式，首先考虑的是全面发展学生的基础运动能力，发展这些基础性的运动能力，对中小学生在生长发育阶段打好体能的基础和素质的基础具有重要的意义和作用。

（2）基础类运动技能是培养学生终身体育行为的基础

通过体育教学向学生传授体育基础类运动技能是培养学生终身体育行为的关键，这就要求在体育教学中要注意打好基础类运动技能的基础。如果说通过体育教学，学生连最基本的走、跑、跳、投等各项能力基础都未具备，连参与体育活动应达到的最基本运动技能都未掌握，那么他们就不可能在走出校门后的体育锻炼中挑战新的运动项目，更不可能在未来的生活中运用体育运动去锻炼身体和愉悦身心。所以说，我们应从学生在走出校园后对体育学科的要求上来注重基础性的运动技能教学。

（3）基础类运动技能是智能构建的重要环节

随着人们认识的不断发展，很多研究已经证实基础类运动技能在智能构建中的重要作用。在意大利著名女医生蒙台梭利的教育方法中，儿童不是被教会怎样写作的。蒙台梭利使儿童达到流畅写作的步骤，几乎都是与写作无关的基础类运动技能的培养，如爬行阶段玩大皮球、一个月堆积木、一个月做小钉板游戏、玩水游戏等，说明教会儿童写作是通过发展儿童的动作能力及其他技能得已实现的。

（二）专门类运动技能

1. 专门类运动技能的概念

专门类运动技能是人类在走、跑、跳、投、支撑、翻滚等基本技能的基础上，经过对各种基本动作的组合、叠加、变换等形成的特殊方式的身体活动能力，是以休闲、健身、娱乐为主的身体活动方式，并且具有与人们的日常生活、学习、工作密切相关的运动能力。

2. 专门类运动技能的内容

专门类运动技能主要包括八个方面的内容：第一，各种形式的走，如正步走、快步疾走、携带物体快步走、绕过各种障碍物的走等。第二，各种形式的跑，如绕过各种障碍物的跑、集体协作跑等。第三，各种形式的跳的组合，如左右脚互换跳跃、单脚接双脚跳借助物体的跳跃等。第四，各种形式的投掷，如投手榴弹、沙袋、实心球、抛飞碟、打水漂以及多种形式的投远、投准组合练习等。第五，多种形式的滚翻组合，如鱼跃前滚翻、屈体后滚翻等。第六，专门化感知觉能力，如球类运动的"球感"、水上运动的"水感"、田径等项目运动员的"时间感""速度感"等。第七，时尚休闲类运动，如街舞、轮滑、放风筝、垂钓、转呼啦圈等。第八，民间传统项目，如踢毽子、跳长绳等。

3. 专门类运动技能的特征

首先，专门类运动技能内容极为丰富，广义地说，凡是人以自身能力进行的走、跑、跳跃等自然动作的各种练习，都可以成为专门类运动技能的练习内容。其次，专门类运动技能规则简便，有些练习本身就是人类的基本运动方式，不受规则的限制，因此能够为大多数人所接受，使人们在无所约束或少约束的条件下进行锻炼。容易常年坚持且具有老少皆宜的特点。练习负荷可以随练习者的年龄、性别和身体状况进行自我调控和调节，以最适宜的健身锻炼负荷进行练习。再次，专门类运动技能可全面发展人体的力量、速度、耐力、灵敏等素质，也可提高机体对外界环境变化的适应能力，对促进青少年的生长发育、维持和提高成年人旺盛的生命活力以及延缓老年人的衰老过程，都有积极的作用。最后，专门类运动技能对运动场地、器材的要求不高，走、跑可以在平坦的各种道路上进行；跳跃运动可以在沙坑或松软的土地上进行；投掷运动则可以利用各种投掷物在空旷的场地做投远或投准练习等。总之，专门类运动技能可以因地制宜地在多种环境和条件下进行。

在技能学习的过程中，随着正确动作概念的建立和本体感觉的不断准确，大脑皮质兴奋与抑制的不断完善，从而表现出动作更加协调、准确，在完成动作过程中更加经济、有效、合理。

4. 专门类运动技能的教育价值

（1）为培养体育意识与良好心理素质打好基础

专门类运动技能练习的运动负荷相对较小，而练习的内容与方式丰富多样。专门类运动技能与日常生活中的动作方式比较接近，所以练习者进行练习的兴趣较高，练习的效果好。与竞技体育项目技术的学习相比，专门类运动技能的练习难度较小，练习者不易产生厌倦、排斥和畏惧心理，可以积极主动地参加学习和锻炼，可以在发展身体运动能力的同时，养成锻炼身体的习惯和培养体育健身意识，同时也对健康的心理素质的培养有积极的促进作用。

（2）丰富教学内容，活跃教学气氛，提高教学质量和效果

专门类运动技能的健身、娱乐等特点体现出教学手段的多样化，可以丰富教学内容，活跃教学气氛，提高教学效果。转变以竞技技术学习为目标的教学思想，克服以传统的技术"专门练习"作为教学主要手段的倾向，在健身、娱乐的层面上去思考，设计教学手段，使学生在练习中处于新鲜有趣、跃跃欲试的学习状态，对提高教学质量和效果有积极作用。

（3）为学习其他竞技体育项目打好基础

专门类运动技能的价值还在于提高身体素质的全面性和动作方式的基础性。通过多种形式的练习，发展学生的基础运动能力和动作技巧，为他们学习竞技体育项目打好坚实的基础。

（三）专项类运动技能

1. 专项类运动技能的概念

专项类运动技能是个体或群体通过反复练习，最大限度地、最有效地发挥人的潜能的一种个性化运动能力，即在基础类技能与专门类技能的基础上形成的高级阶段。

2. 专项类运动技能的内容

专项类运动技能位于金字塔结构的顶端，是基础类运动技能发展的最高表

现形式，即高级阶段。在此所指的专项类运动技能就是竞技体育项目，如田径类的田赛、径赛项目等，体操类的健美操、徒手体操、器械体操等，球类的篮球、排球、足球、乒乓球等，武术与技击类的武术、跆拳道、散打等，水上运动的游泳、跳水、帆船等。

3.专项类运动技能的特征

（1）达成目标的最大确定性

专项类运动技能有效的重要标志是准确无误地达到动作目的，也是它本身的意义所在。例如，很多学生喜欢打篮球，但这并不意味着他们都是优秀的篮球投手。对他们来说，偶尔投进球的结果也许只是许多失败的投篮尝试中"走运"的一次。只有那些能够在复杂情况下连续多次成功投篮的人，我们才能说他不是靠"撞大运"，而是具有娴熟的投篮技能，即具有很大程度的达成目标的确定性。这也是为什么我们在欣赏体育明星的高超动作技艺时总是能够得到力与美的享受的一个原因，他们在运动场中经常能够凭借自己出色的专项技能在关键时刻协助队友力挽狂澜，最终赢得胜利，但毕竟不是每个人都能够成为乔丹、姚明。

（2）最小的能量和精力消耗

专项类运动技能有效的另一个标志是执行动作过程中能量和精力消耗的最小化，在有些特殊情况下是为了保持体力。当然，这不是所有专项技能的目的，如推铅球，运动员唯一的目标是把铅球推到最远的距离。但对许多其他的专项技能来说，能量消耗的最小化就意味着对不必要的动作的减少。这个特征对于那些必须需要经济地使用能量、保持体力的项目的运动员取得比赛最后的成功是极其关键的。例如，高水平的马拉松运动员知道如何保持最经济和有效的动作方式；优秀的柔道运动员懂得如何保持体力以便在比赛关键时刻出奇制胜。最小的精力消耗还意味着有些运动项目的高水平运动员能够在以减少心理负荷的情况下完成动作任务。运动员通过提高他们动作的自动化水平，可以把更多的精力用于动作任务的其他要求，如中长跑运动员使用的战术和艺术体操运动员个人动作的创造性表现力。

（3）最短的动作时间

专项类运动技能有效的第三个标志是达到动作目的所需时间的减少，或者说是提高达到动作目标的速度。许多项目的运动员，如赛跑和跨栏、游泳和皮划艇等项目的运动员，都是把使用最短的时间作为比赛的主要目的。其他的运动项目也有很多情况是把尽量快地完成动作作为评判动作质量高低的标志。例如，拳击运动员出拳的速度、投掷运动员最后用力出手动作的"爆发力"、篮球比赛中的快攻、排球比赛中的"短、平、快"打法等。当然，也有一些专项技能不是靠"快"来评价的，如太极拳运动、棋类和瑜伽。因此，在考察动作的有效性时，必须依据动作目的在多项要求中取得平衡，追求最佳化的整体效果。

4. 专项类运动技能的教育价值

（1）有助于培养人的竞争、进取、拼搏精神和意识

竞技竞争追求卓越、崇拜优胜，人人以实力进行展示，人们只要投身到竞技体育，就能感受到这种机制的激励作用，并潜移默化地受到其影响。在竞技体育中，每个人都不是常胜将军，可能胜利也可能失败，因此人们必须学会接受失败，调整自己的心态适应激烈的竞争，学会正确面对竞争中的成败，进而塑造人的拼搏精神和竞争、进取意识。

(2) 有助于培养人的审美情趣和体验乐趣

竞技运动是一种审美文化。在近代体育中，人们能够看到体育美的本质特征，如形象性、愉悦性和创造性。现代竞技体育借助运动员飘逸的身体状况和完美的造型组合，融合集体的智慧，在竞技场奋力抗争，使人们领悟美的超脱意境。通过欣赏竞技体育的美，进而可以转化为人们体验竞技体育的乐趣，竞技体育为参与者带来了体验的快乐。在参与者掌握运动技术之后，身体进入无障碍、自由的运动状态，在流畅的动作中感受本质的自我，快乐将劳累、痛苦、紧张的状态一扫而光。人类对于更快、更高、更强的追求是永无止境的，竞技体育带给参与者最大的快乐，莫过于在竞技中发现自我、超越自我的畅快。

（四）三类运动技能的共性与个性

分层次的关键在于把握对象的本质属性，抓住对象的显著特征。万物虽众，有共有别，推而共之，可以类上归类，推而别之，可以类下分类。共性是整合事物的根据，个性是区分事物的依据，分类是通过共性和个性的对立对比而进行的。任何分类都有一个层次问题，层次划分是通过共性与个性的对立统一而实现的，运动技能分层次应反映出不同属级运动技能的共性与个性。那么，运动技能分层的个性与共性是如何体现的？在运动技能的分类中，运动技能是技能中的一类，对技能而言，它具有特殊性，其特性就在于它是以健身娱乐和比赛两种体育运动形态为共同标志的技能活动方式。

1. 共性

在运动技能的"金字塔结构"中，运动技能对其属下的基础类运动技能、专门类运动技能和专项类运动技能来讲具有共性，其共性表现在基础类运动技能、专门类运动技能和专项类运动技能都是隶属于运动技能之下的技能活动方式。同样，专项类运动技能是运动技能中的一类，对运动技能而言具有特性，其特性在于它能够在最大限度上最有效地发挥人的潜能，在比赛中的表现是以取得竞赛优异成绩名次或奖牌为共同标志的专业化技能活动方式。在运动技能学习过程中，基础类运动技能、专门类运动技能与专项类运动技能也同样表现出共性与个性化的关系。运动技能价值的意义在于发展学生的体能和运动技能，体育与健康课程强调以身体实践活动为主，通过教学，可以使学生掌握基本的运动技能，不断增强体能，为未来的生活、工作奠定运动能力的基础。基础类运动技能是人的遗传赋予人本身的生物性特征，但各人之间的差异很大，它是人存在于社会生活中学习、工作、休闲、生活的运动基础。通过身体练习和科学的锻炼，可以改善和加强人的基础性运动能力。专项类运动技能是指个性化的运动能力，是个体在运动技能方面的差异，如有人擅长投掷、有人擅长跳跃，这是进一步进行体育技术技能学习与发展的基础。竞技体育项目的学习，是以个性化的运动能力为基础的。

2. 区别与个性

（1）目的指向不同

专项类运动技能的目的指向是为追求竞技运动所追求的"更快、更高、更强"所不可缺少的个人运动技术能力，在于学生掌握某项运动技术的程度，并能在一定的场合让其表现出较高的水平。基础类、专门类运动技能的目的指向是追求健康、娱乐及人的体质基础而需具备的个人运动能力，包括身体机能、身体形态、身体素质、感知觉能力等。

（2）运动技能难度水平的不同

基础类、专门类与专项类运动技能是个人掌握运动技术水平的不同阶段，其难度水平不同。专项类运动技能是运动技能的最高形式，随着运动技术水平的由低到高，能够掌握运动技能的人也就逐渐减少。专项类运动技能的教学十分强调系统性和完整性，随着运动技术难度的不断提高，参加的人就愈来愈少。在一定的竞争前提下，运动参与者还需经过科学的选材以及适度的练习达到自动化程度，最终才能获得专项运动技能。基础类、专门类运动技能作为个人掌握运动技术的较低能力阶段，其技术难度相对较低，适合学生群体参加。

（3）学习中对学生的心理影响不同

由于专项类运动技能目的指向、难度等方面的原因，学校运动队才是学生学习该技能的最佳场所。专项类运动技能的学习，很有可能使大多数学生丧失自信心，从而失去继续从事体育学习的兴趣。基础类、专门类运动技能，因其实用性和趣味性较强，深受广大学生的喜爱和欢迎。通过基础类、专门类运动技能的学习，绝大多数学生将学会多种形式的运动技能，继而会在此基础上形成自己的兴趣爱好，享受到成功的乐趣，并有所专长，提高终身体育锻炼的意识和能力，有利于每个学生在自尊、自信中快乐地学习体育课程。

（4）在竞争性条件下的表现不同

一般情况下，在竞争性或不利条件下，专项类运动技能掌握者能维持正常水平，熟练完成动作，而基础类、专门类运动技能掌握者往往不能表现出正常的运动技术水平。例如，在教学实践中笔者发现，学生学会了篮球的原地交叉步持球突破技术，在练习中绝大部分学生能够顺利完成这一技术，但在比赛中却少有学生能顺利完成这项技术。我们不难发现，对绝大部分学生而言，他们所掌握的技能还没有达到专项类运动技能的水平，属于基础类、专门类运动技能的范畴。

（5）教学原则、要求及方法的不同

在竞技性运动技能的教学中，教师要讲解运动技术的结构、动作要领、完成的方法，学生在教师的指导下，通过模仿、练习不断强化，尽快掌握运动技术。在整个教学活动中，教师是知识的传授者，学生是跟教师学，教师力求讲解清楚，学生努力做到动作到位，遵循的教学原则主要有系统性原则、连贯性原则、巩固性原则、直观性原则、自觉性原则、积极性原则等。常用的方法有讲解与示范、重复练习法、间隙练习法、完整教学法、分解教学法、比赛法等，以便让学生尽快掌握运动技能，提高竞技运动水平。在基础类、专门类运动技能的教学中，学生的主体性将得到充分的体现，教学中依据有利于学生身心健康的原则，不过分强调运动技能传授的系统与完整，以及对运动场地与器材没有严格的规定，实现学习方式的多元化，给学生自主学习、合作学习、探究学习的时间和空间，从而提高学生学习的能力，促进学生的全面发展。

第三节　运动技能的属性

一、运动技能的文化属性分析

19世纪以来，学术界和生活中频繁地使用"文化"一词，但对于文化的定义却众说纷纭。据统计[①]，关于文化的定义有成千上万种之多。体育界也相对应地频繁使用"体育文化"一词，体育文化的研究曾一度出现热潮。那么，什么是文化？什么是体育文化？体育课程技能又具有什么样的文化属性呢？

---

①　韦勇兵，申云霞，汤先军：《体育教学与运动技能分析》，吉林人民出版社2019年版。

（一）文化的定义

有学者认为，"文化"一词源于拉丁文"Cultural"，本意为土地耕耘和作物培育，指的是农耕和园艺类的物质生产活动，也具有教育、发展、尊重等含义。英国文化人类学家爱德华·伯内特·泰勒于1871年在他的名著《原始文化》一书中，把文化定义为："社会成员所获得的能力与习惯的复杂体，并包括知识、信仰、艺术、法律、道德、风俗等多个方面。"[①]而在当代中国文化学中，"文化"的概念是日本学者在19世纪翻译西方著作时，采用古汉语"文治教化"之意译作"文化"，后经中国留日学生引入中国，"文化"对应英文中的"Culture"一词。

马克思虽然对文化的概念没有专门的论述，但是根据他对"文化"一词的使用，有学者归纳认为："马克思所说的文化是人改造自然的劳动对象化中产生的，是以人化为基础，以人的本质或本质力量的对象化为实质，它包括物质文化、精神文化、制度文化等因素，是一个广义的文化概念。"[②]这一界定对我国文化学界关于"文化"的概念产生了重要影响。

我国有学者对文化的各种定义进行了归纳和总结，这为后来研究者面对各种林立的文化定义开辟了一条捷径。例如，周德海教授在《对文化概念的几点思考》一文中，对文化概念的理解归纳为三类：第一类是分类型的定义，如物质文化、精神文化、制度文化和行为文化，以及硬文化和软文化等文化定义。

---

① 爱德华·伯内特·泰勒：《原始文化》，连树声译，广西师范大学出版社，2005年版。

② 王仲士：《马克思的文化概念》，《清华大学学报》（哲学社会科学版），1997年第1期，第20-27页。

第二类是广义文化产品总和式的定义，如"文化即人化"。①马克思在《1844年经济学哲学手稿》中认为，"人化"就是指人类通过劳动，或者说人类自由自觉地活动，使自然打上人类意志的烙印，变成人的作品，成为人自由的表现。即"自然的人化"就是文化，"人化的自然"就是文化的成果。②第三类是从某一角度对文化概念所下的定义。例如，把文化定义为"一种构架""一种成套的行为系统"等。周德海教授认为，文化的本质是社会群体精神，它不是社会个体精神的机械总和，而是超越该社会群体中的所有个体精神之上而存在的作为有机整体的"群体精神"。③王国炎教授对文化的研究也颇具概括性和指导性，并且紧扣时代的脉搏。他通过梳理前人的研究成果，将文化的定义分为五种类型：第一类是描述性定义，第二类是社会性定义，第三类是主体性定义，第四类是功能性定义，第五类是历史性定义。王国炎教授为了凸显文化的主体性、社会性、历史性、功能性、外化和内化的统一性，对文化下的定义是："所谓文化，就是人类主体在存在的历史上和社会实践的活动中，持续外化、对象化自我的本质力量，去适应、利用、改造客体即自然、社会及人自身，同时又确证、丰富、发展自我本质的过程和成果。它是人与物、主体与客体、内化与外化的辩证统一。"④

上述两位学者基于对多种文化定义的综合，提出了自己的观点和文化定义。

---

① 周德海：《对文化概念的几点思考》，《巢湖学院学报》，2003年第5期 第19–23，88页。

② 马克思：《1844年经济学哲学手稿》，中共中央马克思恩格斯列宁斯大林著作编译局编译，人民出版社2018年版。

③ 周德海：《对文化概念的几点思考》，《巢湖学院学报》，2003年第5期 第19–23，88页。

④ 王国炎：《"卧龙人生"文化讲演录（第1辑）》，江西人民出版社2011年版。

笔者认为，不同文化的定义虽有自己独特的视角和线索，但仍然具有相通性，那就是文化与人的关系，没有文化就没有人，没有人也就没有文化，在这一点上是文化学界共同认可的。

（二）体育文化的定义

20世纪80年代，学术界兴起了一股文化研究热，体育文化的研究也在文化研究热中产生。1986年12月，"全国首届体育与文化研讨会"在成都体育学院举行。从那时开始，体育被当作独特的社会文化系统，置于广泛的社会文化背景下，并引入文化学、历史学、社会学的研究方法和理论来研究体育。什么是体育文化？学术界早期把"体育文化"作为"文化视角的体育"这样一个概念而使用。例如，郝勤教授认为："广义的体育文化是指由思想和行为构成的，以身体活动为基本特征，以健康和娱乐为目的的社会现象与文化样式。"[①] 在国内还有很多种体育文化的定义，有学者从物质和精神的二元关系来定义体育文化，认为体育文化是有关体育运动的物质文明和精神文明的总和。有学者从文化的结构来界定体育文化，将体育文化分为体育物质文化、体育精神文化、体育制度文化。诸如此类的体育文化定义还有很多种，体育文化作为文化的子系统，在定义上基本沿用了文化定义的方法和视角。

（三）运动技能的文化属性

不管体育文化如何定义，体育文化、体育以及文化之间都是紧密联系的，体育与文化之间似乎难以区分，正如马卫平教授所言："体育与文化之间一直处于一种相互缠绕、难分难解、有时候干脆合二为一的状态。"[②] 体育与体育

[①] 郝勤：《体育新闻学》，高等教育出版社2001年版。
[②] 马卫平：《体育与人—一种体育哲学》，湖南师范大学出版社2010年版。

文化之间的界限也是模糊的，从某种意义上来说，当代体育是体育与体育文化共同构成的社会现象和实践活动。由此看来，体育和体育文化似乎是平行的关系。但是，从体育的本义来看，体育的基础是体育运动，是人直接参与的、有目的的身体活动，而体育文化是体育在其他文化形态与样式中的延伸。由此可见，应该把体育置于整个文化中来考察，体育是人类文化历史积淀的产物，所以体育也是一种文化，而体育文化是体育这个文化的文化，因此对体育与体育文化而言，体育是核心文化，体育文化是体育的衍生文化。

就整体的文化而言，体育是文化的子系统，这一点学术界也是普遍认可的。而体育课程是以身体练习和运动技术传授为主要手段的课程，其基本形式是体育运动，而体育运动的外在表现就是运动技能，所以说运动技能是体育这个文化子系统的核心。因此，从文化的角度讲，运动技能的传承是体育课程文化传承的根本任务和具体形式，也是体育文化传承的根本途径。

二、运动技能的知识属性分析

正如文化的定义充满复杂性和多样性一样，知识的概念也是具有多面性和不确切性的因素，是人类复杂性和不可预知性的一部分。但是，现有的研究仍然对知识有了深刻的认识，为从知识的角度研究体育课程提供了丰富的理论依据。

（一）知识的定义

对于知识的定义，不同的学者从不同的境域和层面来定义知识，他们从哲学、社会学、经济学、管理学、心理学等不同学科的角度和不同的应用目的出发来研究和看待知识，提出了不同的知识定义。从古至今，知识的定义便层出不穷。例如，柏拉图认为，知识被证明是真实的信念；亚里士多德认为，知识是经验的结果；海德格尔认为，知识是对实践行为有益的理论认知；笛卡尔认为，知识是思维本身的产物；康德认为，知识是理性主义的逻辑思维和经验主义的感官经验共同作用的结果；黑格尔认为，知识是通过辩证提炼变得更个人化、更理性化的感官感知的结果。

在《韦伯斯特词典》中，知识被认为是人类获得真理和原理的认识总和。美国社会学家贝尔在《知识的规范》一书中将知识定义为："一组对事实或概念的条理化阐述，并可以传播给其他人。"近代知识论研究的鼻祖英国哲学家洛克给知识的定义是："所谓知识，就是人心对任何观念之间的矛盾、排斥和联系、契合的知觉。"在《辞海》中，知识是指人们在实践中积累起来的经验，从本质上说属于认识范畴。在《教育大辞典》中，对知识的定义是："对事物属性与联系的认识，表现为对事物的知觉、表象、概念、法则等心理形式。"诸如此类的知识定义不胜枚举，在此不一一列举。

众多的知识定义，大致可以分为两类，即人本主义知识定义和外在主义知识定义。前者主要是从形而上的角度对知识现象的哲学研究；后者是从形而下的角度对知识创造和应用的理论、机制与实践的操作研究。从主观和客观的角度讲，人本主义知识定义是从人本角度将知识和知识过程看作围绕着人展开的，是一种附着在人身上的现象，知识被看成主观的，甚至是抽象的存在；外在主义知识定义把知识看成客观的、自主的、独立于人的存在。不同的方向和立足点，虽然导致不同类型的知识定义，实则紧密联系，前者是后者的逻辑和依据，后者是前者的派生表现。

知识的定义是多样的，知识的本身更是浩瀚的，它集中体现了人类的灿烂文明，因此对知识进行有效的分类是必须的。一般认为，按知识获得的方式可将其分为直接知识和间接知识。按其内容分可分为自然科学知识、社会科学知识和思维科学知识。现代认知心理学将知识分为陈述性知识和操作性知识。陈述性知识是描述客观事物的特点及关系的知识；操作性知识用来解决"做什么"和"如何做"的问题。知识的分类有助于更清楚地认识知识的复杂性，但分类是相对的，在课程的实践中，在一个个具体而活泼的学习者的真实生存体验和意义感受中，又有谁能具体地说出知识是什么样的形态呢？显然，知识往往是以一个复合体的形态存在于课程的实践中。

（二）运动技能的知识属性

从课程的角度讲，一般认为课程是知识的载体，也有学者认为课程即知识，但是课程与知识之间显然是有差别的。为此，有必要理清在课程研究领域新兴的一个概念，即"课程知识"。"课程知识"不是单一含义的概念，通常作为"课程内容知识"和"课程理论知识"被不同的研究者所使用。近年来，在我国教育研究领域中，"课程知识"通常是指课程内容知识，如"课程知识不是关于如何进行教育的知识，而是在教育中被选择、组织、分配和传递的供学习者学习的知识"[1]，它"包括以文本的方式体现在课程计划、课程标准和教材中的知识，也包括教师在教学设计时引入的知识"[2]。而在西方，则有许多学者将"课程知识"这一概念作为课程理论知识或课程编制知识使用，如加拿大学者艾尔贝兹在分析教师的实践性知识时，认为课程知识是教师的实践性知识之一，它包括明确问题、确定学生需要、组织开发课程内容、评价等一系列关于课程开发的知识。美国学者舒尔曼和格罗斯曼等人在分析教师的知识结构时也提到了

---

[1] 张人杰主编：《2004 教育中国》，广东教育出版社 2005 年版。
[2] 郭晓明：《课程知识与个体精神自由 课程知识问题的哲学审思》，教育科学出版社 2005 年版，第 498 页。

课程知识，主要包括课程哲学、课程理论、课程评价、课程设计、课程开发等各个方面的知识。

体育课程知识内容的主体是体育运动，如果按照有关知识的分类方法，体育运动从表象上看属于程序性知识，即操作性知识，把体育运动归属于操作性知识也更能体现体育课程的本质属性。

三、运动技能的教育属性分析

广义上的体育显然超出了教育的范畴，但是作为一种特殊的教育方式，体育却属于教育的范畴，因此要说清体育课程技能的教育属性，还需要从教育的含义谈起。

（一）教育的定义

对于"教育"的讨论，人们经常会问"教育是什么"和"什么是教育"这两个问题。正如文化、知识的概念具有一定复杂性，准确界定教育的概念也是复杂的。"教育是什么"是对教育的内涵、本质的追问，力求全面深刻地认识教育；而"什么是教育"则是探讨教育概念的外延。古今中外，不少思想家、教育家对教育都有自己的认识和定义。我国古代思想家曾子的语录里的"大学之道，在明明德，在亲民，在止于至善"，就是对教育的阐述。我国教育家蔡元培认为，教育是帮助被教育的人给他能发展自己的能力，完成他的人格；陶行知认为，教育是培养有行动能力、思考能力和创造力的人；马克思、恩格斯认为，教育是促进个人的独创的自由发展；哈沃德·加德纳认为，教育是让孩子体验发现世界是怎样一回事；雅斯贝尔斯认为，教育是人的灵魂的教育，而非理性知识的堆积。

上述中外学者从不同的角度讨论了"教育"，有回答"教育是什么"的问题，也有回答"什么是教育"的问题；有从教育的目的、方法阐述教育的，也有从教育的功能阐述教育的。但是，有一点认识是统一的，那就是教育是培养人的活动。那么，教育通过什么培养人呢？人类通过主体客体化、客体主体化的方式把客体和外界事物的形态、属性、规律内化为人的知识经验，从而发展人的智慧。人类再通过一系列的符号，将这种经验不断地进行传承，从而有了教育。而动物之间的经验传递是基于动物的本能，不能称为教育。德国思想家卡西尔指出："符号，人的本性之提示。"也就是说，人是符号动物，人能运用各种符号能动地改造世界，而动物只能对符号做出被动的条件反射，所以教育是人类所特有的。在人类众多活动中，教育是有意识传递经验的活动，因此教育活动同人类其他活动相区分的地方正在于此，即教育是人类所特有的有意识地传递经验而培养人的活动。

（二）运动技能的教育属性

教育是培养人的活动，美国教育家麦克唐纳认为，这一培养人的活动是由教育目标系统、课程系统、教学系统、管理与评价系统构成的。"如何确定可行的教育目标、选择教育内容、安排教育途径、设计教育活动、评价教育活动效果等，都是与课程有关的问题，而课程论就是围绕着这样一系列的课程问题进行研究的专门学问。"[1]进一步说，课程是教育的核心载体，因为教育的目标、价值都要通过课程来实现。教育为什么能培养人呢？"就像地里有了种子可以去栽培浇灌、施肥和一样，那是因为人身上已有种子，已存在胚芽。"[2]夸美

---

[1] （美）克里斯·麦克唐纳：《马男波杰克 幕后艺术集》，阿依慕译，太白文艺出版社，2019年版。

[2] （捷）夸美纽斯：《大教学论》，傅任敢译，教育科学出版社1999年版。

纽斯指出："学问、德行与虔信，这三者的种子自然存在于我们身上。"①夸美纽斯还引用辛尼加的话说："一切艺术的种子都已种在我们身上。"张楚廷教授提出了教育存在公理，即"人身上存在着天赋的未发展的自然力，或种子，或胚芽"。这就是对教育何以培养人、教育何以存在、教育何以发生等问题的回答。笔者认为，根据教育和课程的关系，同样也可以回答课程何以存在、何以发生等问题。康德说："人生来具有许多未发展的胚芽，人不只具有使肌肉发达、骨骼粗壮起来的胚芽，人也有'善'的胚芽。"②其言外之意，在人的身上使肌肉发达、骨骼粗壮起来的胚芽，即有关身体的胚芽的存在是显而易见的。也就是说，人生下来身体是不完善的，包括"直立行走"这样的人的主要标志都是后天习得的，而体育运动正是这个"胚芽"最好的肥料。英国哲学家洛克认为，"跳舞使儿童在思想上和姿态上具有丈夫气概的作用比什么都强"，"击剑与骑马既然被认为是一个绅士的教养所必备的，要使任何绅士完全不具备这种特色当然是很困难的"。③洛克的话揭示了体育运动本身具有教育功能，其具体体现就是运动技能的获得，优秀的舞者、骑士或剑客的优雅和教养正是通过其获得的运动技能而体现出来的。运动技能的获得也是一种教育。

四、运动技能的特殊属性分析

一般认为，教育内容具有教育性、科学性和系统性，体育课程内容除了上述特性之外，健身性是其特质，从认知的角度讲，主要是培养学生的身体认知。此外，运动技能的形成有着特殊的规律，运动技能还特别体现了美学特性。

① （捷）夸美纽斯：《大教学论》，傅任敢译，教育科学出版社1999年版。
② （德）康德：《康德说道德与人性》，高适编译，华中科技大学出版社2012年版。
③ （英）约翰·洛克：《教育漫话》，傅任敢译，教育科学出版社1999年版。

（一）运动技能的健身性

体育课程是一门具有健身性的课程，其目的性非常明显也非常直接，艺术类的舞蹈课程当然也具有健身作用，但其直接目的不是健身，而是艺术素养的提高。当然，如果舞蹈成为一种健身手段，那就变成了体育锻炼。因此，健身性是体育课程相对于其他课程所独有的特征。健身当然是促进身体健康，由于健康的内涵逐步扩大，由一维到三维再到四维，身体健康似乎就很少单独提及了，甚至谈"身体健康"就色变，因此对于体育课程持有"身体健康"的观点遭到了不少的批判。强调体育课程要突出健身性，但并不是只要健身性。体育课程作为教育的一个方面，必然具备教育性。就体育课程而言，时至今日，笔者认为要更加突出健身性，只要体育课程存在，健身性便是其首要特性。系统论为我们认识事物提供了一个整体的视角，认为整体不是部分的简单累加。然而正是因为"部分"的各司其职，才会有完美的"整体"。体育课程作为教育的一部分，必然要突出其特殊的职责，即促进身体健康。同时，身体健康也是多维健康的基础。英国哲学家洛克认为："健全的精神寓于健康的身体，这是对于幸福人生的一个简短而充分的描述。"[1] 在他看来，教育的目的是让学生学习有用的、能获取个人幸福的知识，通过体育获得健康的身体被认为是非常重要的。夸美纽斯也认为："身体不独是推理的灵魂的住所，而且也是灵魂的工具"，"假如身体不健康，任何部分受了损害，它的客人——灵魂便住在了一个薄待客人的住所"。[2] 在夸美纽斯看来，要做一个健全的人，除了具备学问、德行、虔诚外，必须拥有健康的身体，以保证人的机能和智能正常发展，从而

---

[1] （英）约翰·洛克：《教育漫话》，傅任敢译，教育科学出版社1999年版。
[2] （捷）夸美纽斯：《大教学论》，傅任敢译，教育科学出版社1999年版。

达到身心两方面的一种和谐。

我国历来高度重视青少年学生的身体健康,毛泽东同志早在新中国成立初期就提出了"健康第一,学习第二"[①]的口号,这个口号正是基于当时青少年的身体健康问题提出来的。周济同志在第七届全国大学生运动会开幕式上向全国广大青少年提出了"每天锻炼一小时,健康工作五十年,幸福生活一辈子"[②]的口号。不管周济部长这里的"健康"是几维的,其前提是每天锻炼一小时,也正是强调了体育锻炼对于健康,特别是身体健康的重要作用。健康体魄是健康工作的物质保障,是人生最宝贵的财富,也是幸福生活的保障。在现代的流行语"健康是1,其他都是0"中,"健康"二字显然也是主要指身体健康。

体育课程就是要通过体育锻炼增强学生的体质,促进学生的健康发展。进行任何体育锻炼都需要基本的运动技能,体育教学就是要让学生知道和掌握一些能进行自我锻炼的运动技能。体育课必须有运动技术的学练,当前体育教学原则之一就是"促进运动技能不断提高",运动技术是科学锻炼方法形成的前提,运动技能并非空中楼阁,它是以运动技术的储蓄为基础的。如果没有运动技能,青少年学生如何有效地进行体育锻炼呢?也只有学生掌握了运动技能,才能让他们在以后的学习工作中进行体育锻炼才能成为可能。有调查发现,喜欢锻炼的学生基本都是使用掌握的某项运动技术而进行体育锻炼,其实在实践中稍微观察一下,也是如此。

另外,体育课程要突出健身性,还需要一定运动强度和运动频度,即运动负荷。生理学研究表明,只有适度的运动负荷才能提高学生的体能、增强学生

---

① 毛泽东:《改造我们的学习》,解放社1950年版。
② 周济:《办好人民满意教育 建设人力资源强国》,人民教育出版社2014年版。

的体质。在过去的体育教学中,运动负荷是教学评价的一个重要指标,通过学生在体育课中的脉搏曲线来测定,但是随着体育课程改革的逐步推进,在学术界和体育教学实践中,运动负荷逐步销声匿迹了,运动负荷被视为传统体育教学的产物被遗弃了,殊不知没有运动负荷的体育课就演变成了休闲课、娱乐课。毛振明教授也认为,教师在教学的过程中,要用技术教学贯穿始终,没有技术的教学与提高,体育课就只能是肤浅的游戏的堆砌,只能是幼儿型的体育活动的延伸。[①] 因此,健身性是体育课程独有的特性,运动技能是健身性的集中体现。

(二)运动技能形成规律的特性

运动技能是通过对运动技术的学习和练习而获得的运动能力或者运动方式,其主要体现是人体在运动过程中掌握和有效地完成专门动作的能力。从认知和学科分类的角度讲,人类的认知分为三类:一是概念认知,主要担负概念认知的学科有语文、化学、物理等。二是感觉认知,如对音乐、绘画的认知,盲人无法从概念上理解颜色就是这个道理,主要担负感官认知的学科有音乐、美术等。三是身体运动认知,这类认知是人对运动的感觉和在这种感觉的基础上形成的对运动规律的认识,这种认识只有在体育运动和技能习得中才能获得。一般而言,系统地学习过运动技术的人相比没有系统地学习过运动技术的人,在身体反应、神经传递方面表现出更高的能力,在新的运动技术学习时也学得快、学得好,这实际上就是运动认知水平的表现。

根据巴甫洛夫的高级神经学说,运动技能的形成一般要经过泛化、分化、巩固提高三个阶段,最终达到动作自动化。在运动技术学习的泛化阶段,学习者往往出现注意范围较狭窄、不协调、肌肉工作配合不好,动作僵硬、迟缓、

---

① 毛振明:《体育教学科学化探索》,高等教育出版社1999年版。

不稳定等现象，通过学习者的不断反复练习，开始对运动技术有了初步的理解，学习者能较顺利地完成动作技术，初步建立动作定型，但是定型不巩固，再通过反复练习，运动条件反射系统才能巩固，动力定型巩固才能建立，动作才能比较准确和优美。如果进一步反复练习，便可以达到自动化水平。当然，运动技能形成的各个阶段是紧密联系的，没有明显和绝对界限，不同的学习者在不同的阶段表现也是不同的。因此，运动技能的形成不同于一般技能的形成，有其特殊的形成规律，主要是需要通过身体的反复练习而获得的，这也是体育课程性质的体现。

（三）运动技能的美学特性

美学作为一门独立的学科可以追溯至 18 世纪初，意大利历史哲学学派美学家维柯提出要建立一门不同于哲学和历史学的新科学；1750 年，哲学家鲍姆嘉通出版了一部研究感性认识的学术专著《美学》[①]，第一次使用"美学"术语，标志着美学作为一门独立学科正式诞生。对于美学的研究对象，广大学者较多认同的说法是，美学是研究人对现实的审美关系的一门学科。在美学中，人的身体一直都是受关注的。美国学者舒斯特曼强调身体因素在美学和美好生活中的重要地位，他通过整合身体与精神的训练，提出一个实用主义的统一身体与精神的美学学科，并将这个学科称为身体美学。因此，美学与体育之间有着天然的亲近因素。

人是按照美的规律来构造自己的。古希腊限定用无刻度的尺规做出了一种分割，后来被达·芬奇称为"黄金分割"，其近似值是 0.618。"黄金分割"

---

① （德）鲍姆嘉通：《鲍姆嘉通说美学》，高鹤文，祁祥德编译，华中科技大学出版社 2018 年版。

被大量用于建筑和绘画中,被人视为黄金般的美学成果,人们还发现,通常人躯体的主干部分的宽和长之比正好是 0.618。这个美学数字竟如此惊奇地存在于人的身体上。马克思指出:"全部人类历史的第一个前提无疑是有生命的个人的存在,因此第一个需要确认的事实就是这些个人的肉体组织以及由此产生的个人对其他自然的关系"[①],"自然事物中发展到最高阶段的美是人类身体美,人为万物之灵,完整性最强,个体性最显著,因此身体美是大自然中最高级的美。"[②] 高超的运动技能本身就是一种美,吸引着无数眼球,令人如痴如醉。

在体育课程的实践中,通过体育运动可以增强人的体质、提高运动技术水平、丰富文化生活,服务于人的体力与智力的和谐发展、志趣和审美能力充分发展;通过体育运动,可以从形态和机能上完善人的身体,包括体型、骨骼、肌肉、形体等,使其日益健美。运动不仅能产生机体的舒适感,带来活泼欢畅的良好情绪,而且能给人以美感。因此,体育课程通过运动技能来促进和完善人的身体美、精神美,运动技能具有独特的美学属性,运动技能本身也是一种美。

第四节 运动技能的目的

有学者说,体育最大的特点是所创造的乃是身体运动本身的内在价值,即主体与客体的同一性和目的与手段的同一性,可以说运动本身即是目的。在前文中,笔者论述了体育课程运动技能的文化属性、教育属性与健康属性,从"目的"的角度而言,其本身就是一种知识目的、教育目的和健康目的。教育部《义务教育体育与健康课程标准(2022年版)》将体育课程总目标分为五个方面,

---

[①] 中共中央马克思恩格斯列宁斯大林著作编译局编:《马克思恩格斯选集(第一卷)》,北京人民出版社 1995 年版。

[②] 胡小明:《体育美学》,四川教育出版社 1987 年版。

对五个不同方面的目标都进行了诠释，但同时强调了"运动参与、运动技能、身体健康、心理健康与社会适应五个方面是一个相互联系的整体，各个学习方面的目标主要通过身体练习实现，不能割裂开来进行教学"。既然"各个学习方面的目标主要通过身体练习实现"，那么"身体练习"又回归到了运动技术和运动技能上。

一、运动技能的知识目的

"知识"是一个具有丰富内涵和不同类型的复合体，从课程的角度而言，一般认为课程是知识的载体，从"课程知识"的定义来看，体育课程知识是指体育课程内容知识，它是体育知识经过筛选、加工、编排后呈现给体育教师和学生的。就整体课程而言，课程内容是由直接经验和间接经验两种性质的知识要素构成的，不论是直接经验的知识还是间接经验的知识，都包含一定的内在要素。一般来说，任何形态的课程内容都应包含五种基本的经验要素，即认知性知识或经验要素、道德性知识或经验要素、审美性知识或经验要素、健身性知识或经验要素、劳动技术性知识或经验要素。五种基本的知识或经验要素分别直接指向认知领域素质发展、品德领域素质发展、审美素质发展、身体素质发展、劳动技能素质发展的不同内容。由于不同的内在要素在不同的课程中所占的比例不同，便构成了不同性质、不同类型的课程，如德育课程、智育课程、体育课程、劳动技术课程等，反映了不同类型的课程在内容和结构上一定程度的差异。这种差异的存在是客观的，不是主观地将整体的课程分裂开来。从这个意义上说，体育课程的内在要素主要是健身性知识或经验，直接指向学生的身体素质发育。

体育课程这种健身性的要素，最直接的形态便是运动技术，因此运动技术本身就是一种知识，具有知识的属性。运动技术是人在从事以运动项目为中心的身体练习过程中，在自身内部之间和身体与客体之间的相互关系中通过综合体验所获得的身体认知。认为运动之外的体育理论才是体育知识，这种理解是狭隘的。体育运动是一种躯体文化符号，文化符号记录了人类的文化成果，也是文化交流与传播的基本形态。在现代社会文明中，体育这种躯体的文化符号，把人类的生存本能、生命意志淋漓尽致地呈现出来，具有独具魅力，成为一种没有语种的语言。因此，体育课程中运动技能的获得也就是一种知识的获得。在普通高中体育新课程标准的体育课程目标部分，运动技能方面的目标包括三个部分，即学习体育运动知识、掌握运动技能和方法、增强安全意识和防范能力，这实际上表明了运动技能包括体育运动知识、运动技能本身和方法、安全意识和防范能力。掌握了某项运动技能，也就相当于掌握了相应的运动知识、技能和方法以及安全意识和防范能力。运动技能三个部分的目标是有机统一的，因此体育课程运动技能本身就是知识，运动技能目标包括体育课程知识获得。

二、运动技能的教育目的

课程作为学校的基本要素、教育内容、教育过程，具有教育功能，是教育实施的重要载体，课程体现了培养目标、教育目标。体育课程也是如此，体育课程的教育功能首要或者说核心是育体，但作为教育的一种载体，体育课程同时具有育德、育智、育心、育美的功能。

体育课程的"育体"功能对青少年学生而言是通过体育运动促进其身体发育。科学合理的运动，对于人体循环系统的影响主要是改善大脑的供血状况，消除大脑疲劳，使人思维敏捷，提高心脏功能，使心肌搏动有力；对于呼吸系统主要是增大肺活量，加深呼吸深度；对于运动系统主要是坚韧骨骼，增厚骨密质，增强骨骼的抗弯和抗折能力，提高关节的灵活性，增强韧带的韧性，并能提高人体的适应能力和抵抗能力等。

体育课程的"育智"功能不同于其他课程的"育智"功能。首先，良好的身体素质是促进智力开发的必要条件，体质的强弱与大脑的发育关系十分密切。其次，经常参加体育运动可以促进大脑的开发，因为体育锻炼在神经系统的调节和控制下，相应的肌肉有规律而协调地收缩，进而促进神经系统功能的增强。有研究表明，作为人体"最高指挥部"的大脑，负责人体一切活动的指令，大脑只占人体的2%，但是大脑需要的氧气却要由心脏总血流量的20%来供应，比肌肉工作时所需要的血液流量多5%~20%。体育运动可以改善大脑供血、供氧状况，促使大脑皮层兴奋性增加。现代医学研究还表明，体育锻炼是训练、开发右脑的最好手段。体育运动还能训练人的注意力、观察力和判断力，运动竞赛不仅是体力还是智力的较量；另外，体育运动可以恢复思维强度，由于学生长时间学习会产生疲劳感，导致学习效率下降，而体育运动可以使学生的脑力活动和体力活动相互交替，使得与文化学习有关区域的脑细胞得到休息，有利于消除脑力疲劳。经常参加体育锻炼的人，脑垂体会产生一种叫作内啡肽的物质，这种物质能增加对疼痛的耐受性，同时还能对抗紧张、降低血压、抑制食欲、恢复思维强度、提高学习效率。

体育课程的"育德"功能也是通过体育运动本身来实现的，体育锻炼有助于培养学生勇敢顽强、奋发进取、吃苦耐劳等品质。再者，通过比赛能够培养学生遵守规则、团结协作、相互尊重、公平公正等思想意识。比如说，在比赛中，面对对方犯规，是一笑了之还是以牙还牙；面对裁判员的误判，是宽容大度还是斤斤计较；集体配合不够默契而导致比赛失利时，是相互鼓励还是相互抱怨；当以班集体为单位参加学校运动会、广播操、拔河等比赛时，学生的集体荣誉感和归属感将大大提升，诸如此类的问题，都是进行自我道德教育和接受道德教育的良好契机。

体育课程的"育心"功能体现在提高心理素质、培养健康心理、帮助消除心理障碍等方面。在体育运动中，特别是运动竞赛具有艰苦、疲劳、竞争、激烈、紧张对抗等特点，可以培养人克服困难、战胜挫折的勇气和能力。学生在参加体育运动时，往往面临身体和心理的双重考验，如游泳要克服对水的惧怕，长跑要忍受身体的疲劳，高低杠要克服对危险的恐惧，球类对抗要勇于承受竞争和失败带来的压力，这些过程伴随着强烈的情绪体验和明显的意志努力，从而提高心理素质。在培养健康心理方面，学生通过参加体育运动，特别是在喜爱和擅长的运动项目中，通过完成各种复杂的动作，能体验到一种美妙的感受，可以激发人的自信心、自豪感和自尊心。在国外，体育运动已经被公认为是一种心理疗法。有研究表明，每次活动20~60分钟，有利于情绪的改善；通过体育活动和比赛，可以宣泄不良情绪，消除心理紧张，放松身心，调节心理状态，维持心理平衡。在消除心理障碍方面，体育运动可以缓解人的心理压力、转移人的注意力，在对待个体与集体、成功与失败、困难与挫折时，如何控制自己的情绪、调整自己的心态等方面，表现得极其生动、具体和真实，具有直接应答的效应。在紧张的学习和各类考试中，学生可能产生悲观失望的情绪，导致心理障碍，体育运动可以转移大脑皮层的兴奋中心，进而转移学生不愉快的情绪，能够使学生摆脱烦恼和痛苦。

体育课程的"育美"功能在于体育与美育的密切联系。在古代希腊，最早的体育运动就是对人体进行健美的塑造，古希腊的体育运动会是展览和炫耀裸体的场合，竭力以美丽的人体为模特，产生了大量的健美人体雕塑的杰出作品。这种健与美、肉体与精神浑然一体且完美统一的文化传统，是后来体育和美育发展相得益彰的重要源泉，也是现代体育发挥美育功能的文化资源。在现代社会，体育不仅是强身养生的手段，而且是个性情感的表现途径。正是在对有节奏的自由运动形式的感受中，个性情感以文明的方式得到表现和升华。这一点上，体育正蕴涵着美育的功能。人类一种共同的特性和需要之一就是对美的追求。体育运动的美，在于形体美、速度美、力量美和韵律美，因为人的身体运动是体育存在方式的基础，是体育的具体表现手段，体育中的审美对象主要是运动着的人的身体。人被视为万物之灵，人体乃造化之巅，集自然界中美之大成。体育运动的美育功能首先体现在运动培育的人体美，人的身体姿态通过坐、立、走、跑以及脊柱的弯曲程度等体态来体现。从生理学的角度讲，人体通过体育运动，特别是从事各种协调性、柔性较强的运动，由于承受了一定的运动负荷，使新陈代谢和血液循环得到加强，肌肉的弹性和收缩能力、韧带的柔韧性增加，消除体内多余的脂肪，使人的形体和姿态显得挺拔、轻灵和矫健，进而产生一种积极的健康美。体育运动的速度美、力量美和韵律美是现代体育的基本特征和重要内容，深受广大青少年学生的青睐。一方面，青少年学生作为观众，在观赏体育运动中，特别是观赏那些体育精英们英雄式的表演，能够强烈地感受到美。即使是面对小孩子无拘无束的奔跑，也能感受到生命的朝气之美。这种审美经历是一种快乐享受，也是学生投身体育运动的精神激素；另一方面，青少年学生作为体育运动的参与者获得审美体验，从心理学上讲，是获得一种"高峰体验",马斯洛对运动中的"高峰体验"是这样描述的:"他们沉浸在一片纯净而完美的幸福之中,他们觉得自己与世界紧紧融为一体。"[①] 在运动的过程中,青少年学生能够发现自己生命的力量和潜在的价值,摆脱学习、生活的压力,可能将自己融入自然,感受自由的快乐。并且,作为运动的参与者越是了解和掌握所进行运动项目的特点和技能,这种完美的体验就越容易获得。

综上所述,体育课程的教育功能首先是育体,同时兼有育智、育德、育心、育美的功能,但是体育课程的教育功能主要是通过运动技能的获得来实现的。如果脱离了运动技能谈教育、谈改革,体育课程就是空洞的,也失去了体育课程存在的依据。

三、运动技能的健康目的

健康不仅仅是没有疾病或不虚弱,而是生理的、心理的健康和社会适应的良好状态。教育的目的是培养人和塑造人,培养和塑造健康的人既是人自身内在的需求,又是教育目的的终极体现。因此,健康的目的也是教育的目的之一,教育的目的包含健康的目的。中共中央、国务院在 1999 年 6 月颁布的《关于深化教育改革全面推进素质教育的决定》中,明确指出"健康体魄是青少年为祖国和人民服务的基本前提,是中华民族旺盛生命力的体现。学校教育要树立'健康第一'的指导思想,切实加强体育工作,使学生掌握基本的运动技能,养成坚持锻炼身体的良好习惯"。2001 年,在国务院《关于基础教育改革与发展的决定》(以下简称《决定》)中,也明确提出基础教育要贯彻"健康第一"的思想,突出了教育的健康目的。需要强调的是,《决定》中指出,"健康第一"

---

① (美)亚伯拉罕·马斯洛:《动机与人格》,陈海滨译,江西美术出版社,2021 年版。

是整个基础教育的指导思想，是针对我国应试教育、学生学习任务繁重导致学生的身心健康问题提出来的，也是在由应试教育向素质教育转变这一背景下提出来的，而并非专门指体育课程的指导思想，在《决定》中，"切实加强体育工作，使学生掌握基本的运动技能，养成坚持锻炼身体的良好习惯"，这才是针对体育课程或学校体育工作提出的要求，这个要求非常明确，那就是通过运动技能的获得，培养学生健康的体魄，进而养成坚持锻炼身体的习惯。显然，在实践中，我们对《决定》的理解是有偏误的，把"健康第一"作为体育课程的指导思想，不能说不对，但这个"帽子"过大，因为"帽子"过大，遮蔽了体育课程的特殊属性，也使得体育课程不堪"健康"的重任，因为健康的多维含义和受众多的因素的影响，体育课程不可能完全实现学生健康的目的。

因为片面地把"健康第一"的指导思想当作体育课程的指导思想，"体育课程"自2001年开始改称"体育与健康课程"，一些高等院校的体育院系也改称"体育与健康学院"。在强调素质教育的时代，在我国青少年体质一直下降的这一现实情况下，体育课程突出"健康"的重要性，是理所当然和无可厚非的，但是，在实践中和学术界对此也有了众多不同的理解，淡化运动技术的学习似乎成了一种趋势，有代表性的观点如"贯彻'健康第一'的指导思想，使学校体育淡化运动教学和竞技运动思想，从过去单纯地追求身体的发展和技术的传习，改变为以新的健康观指导下的体育教学，真正使中小学生在身体、心理和社会适应能力方面健康地发展"[①]，这种类型的观点显示了淡化运动技术教学和竞技运动思想，也表明了体育课程要使学生在身体、心理和社会适应能力等方面健康地发展。而且，"淡化运动技术教学"将动摇体育课程的根本

---

① 《中共中央国务院关于深化教育改革全面推进素质教育的决定》，《内蒙古教育(A)》，1999年第7期，第3-7页。

属性和学科地位的倾向，而"使中小学生在身体、心理和社会适应能力方面健康地发展"更是夸大了体育课程的功能。

也是因为片面地把"健康第一"的指导思想当作体育课程的指导思想，从20世纪末开始，体育课程出现健康教育化倾向。比如，"健康教育——学生体育教育的起点和归宿""树立健康教育为主导的学校体育教育思想"之类的观点非常流行。这类观点认为过去的体育教学忽视了健康教育，因此持这种倾向的人主张对体育课程进行健康教育改造，主要有三种表现：一是将体育课程融合更多的健康教育，二是将两者合并成新的综合课程，三是主张体育课程归属于健康教育。上述三种主张，其健康教育倾向化依次加强，特别是第三种，是从根本上改变体育课程，正如有学者指出："力图将体育课改造成新的健康教育课,彻底改变体育课程的性质,这是一种激进的做法。"[①]并且有学者指出："本次体育课程改革中提出'健康第一'的指导思想，既偏离了体育课程的本质属性，也偏离了体育课程教育的实质意义，显得牵强附会。"[②]体育课程更多地关注人的健康，是社会对于体育课程寄予的期望，也符合世界体育课程发展的趋势。因此对于上述健康教育化倾向的第一、二种主张，是可以接受的，也是必要的，但是对于第三种试图改变体育课程性质的主张，笔者不敢苟同。同时，我们必须明确，体育课程可以关注健康，融入一些健康知识，但体育课程不是健康教育课程。教育部在2008年颁布的《中小学健康教育指导纲要》（以下简称《纲要》）中指出："学校要通过学科教学和班会、团会、专题讲座、墙报等多种宣传教育形式开展健康教育，学科教学每学期应安排6~7课时，主要载体为体

---

① 韦勇兵，申云霞，汤先军：《体育教学与运动技能分析》，吉林人民出版社2019年版。

② 辛娟娟：《运动技能与体育教学》，九州出版社2018年版。

育与健康课程。"可见,《纲要》指出健康教育是需要多种渠道进行的,以体育课程为主要载体是《纲要》对体育课程的期望。但是,沈建华教授在上海市教委委托课题的研究中,通过调查研究发现"把体育课作为健康教育的主要载体可行性不强"。可见,体育课程不能完全承担健康教育的任务。

体育运动具有多种功能,功能是固有的属性,当人们在一定的条件下按照一定的价值取向选择部分功能时,就有了相应的目标。身体健康目标包括掌握基本保健知识和方法、塑造良好体形和身体姿态、全面发展体能与健身能力、提高适应自然环境的能力;心理健康与社会适应方面的目标包括培养坚强的意志品质、学会调控情绪的方法、形成合作意识与能力,具有良好的体育道德。

身体健康受多种因素的影响,然而对体育课程而言,主要是通过运动技能促进学生的身体健康,心理健康与社会适应也是通过运动技能来促进的。从体育课程的教育功能来看,其中"育体""育心"分别对应身体健康、心理健康与社会适应。也正如上文论述的那样,"育体""育心"其实都是通过运动技能来体现的。因此,从教育的角度讲,体育课程的首要任务是"育体";从健康的角度讲,体育课程的基础任务是促进身体健康。所以说,把"健康第一"作为体育课程的指导思想,还不如说把"身体健康第一"作为体育课程的指导思想,因为身体健康是健康的基础,这样既符合学校教育"健康第一"总的指导思想,又能体现体育课程的根本属性、任务,又便于实践的操作和评价。比如说,通过体育课程的学习,学生的身体素质是否提高和体质是否增强了,是可以比较客观地进行评价的。当然,不管是"育体"还是"身体健康",都应通过运动技能来实现。

第五章 体育运动技能培养

第一节 篮球运动技能培养

1995年,我国篮球运动实施了职业化改革,在较成熟的专业化竞技篮球体系解体之后,还未形成完善的职业化篮球体系,篮球训练指导思想研究出现了断层,我国竞技篮球训练工作缺少明确的方向。指导思想的不明确,造成我国竞技篮球运动技术水平的波动起伏;同时,虽然篮球职业化一直在前进,但是我国篮球市场、篮球产业体系并未真正形成。

新制度经济学家道格拉斯·诺斯提出制度变迁会出现两个完全相反的轨迹,一个是良性循环的路径依赖轨迹,这条轨迹上的制度变迁会极大地调动人的积极性,使资源利用最大化;一个是恶性循环的锁定轨迹,只利于极少数控制者的利益,不利于整个事业的发展。

我国竞技篮球运动也正在经历制度变迁。如果能走上一条良性循环的发展道路,将使篮球运动实现其价值最大化,良性轨迹的最优特点是制度变迁让最大群体得利。扩展到我国竞技篮球运动项目来说,是要让篮球管理者、运动员、教练员、相关工作人员实现价值最大化,同时让观众得到最大化的篮球文化享受。

在实现竞技篮球制度变迁良性循环的过程中,科学定位、多学科研究训练指导思想,提出明确的训练指导思想,将有利于我国竞技篮球运动的可持续发展。

一、篮球实践和运用技能问题的提出

现代运动竞技已越来越紧密地与现代科学技术结合在一起,赛场上的优胜者必然会更加依赖于现代科技全方位与全过程的介入。不同学科的科学理论、思想与方法都能在这里得到广泛的应用,发挥着各自的影响和作用。为了提高运动员的整体竞技能力,在很大程度上都要借助多学科的现代科学技术的帮助与支持。中国篮球运动百余年历史充分证明,加强科学研究、注重实践效果是推动中国篮球运动发展的动力。

在运动训练理论和实践中,运动技能的学习与控制是一个非常重要的问题。人们早已从体育运动实践中,认识到掌握运动技能、加速运动技能形成和提高运动技能绩效的重要意义。像所有科学一样,运动技能学的理论也是从实践中产生、发展起来的。同时,它又服务于运动技能实践的需要,推动运动技能实践的发展。运动技能学习与控制理论及其研究成果,对于参加体育运动的人们,无论是竞技者、健身者还是康复者,无疑都有着重要的现实指导意义,标志着体育科学的内涵更加充实。

关于运动技能学理论与专业实践之间的关系问题还存在着不同的看法。首先,在运动技能学研究中,有学者认为概括性研究要比对特定技能的研究更有价值,认为概括性研究在实践中的应用范围更加广泛。其次,对运动技能学理论的必要性提出质疑。这种疑问主要来源于对运动技能学理论的"实用性"认识不够，不能充分理解理论与专业实践之间的关系。基于这样一种认识，就形成了目前在运动技能学的研究内容和成果中，实验性理论研究发展较快，理论与专项运动技能，特别是特定的某一专项技能的应用研究成果较少。

作为一个独立的理论学科，运动技能学在我国的发展较晚，于20世纪80年代初才引起我国有关学者的关注。我国一批体育学者在国际交流中，了解到运动技能学对运动训练和体育教学的现实作用，从而将之引进我国。并且，篮球运动技能的重要任务之一，就是向运动员传授正确的运动技术并形成高水平技能，特别是对篮球运动这样以同场对抗竞技为主导的项目来说尤为重要。运动技能的方法、原则、计划等都应依据篮球运动技能形成规律及其特征而设计。无论是学习者还是指导者，在篮球运动技能的学习与控制过程中，都应研究、掌握篮球运动技能的形成及其变化规律，才能实现对篮球技战术的有效控制，并获得最佳的技能绩效。将运动技能学的理论与篮球运动实践相结合，能够为篮球运动技能提供科学的理论依据，从而帮助教练员更加有效地组织练习，把科学训练落到实处，不断提高训练质量。因此，有关篮球运动的技能学研究将成为人们关注的问题。

二、篮球运动技能的组成成分

篮球运动技能的形成过程与三个因素有关，即目标得分或控制得分、操作任务技能、战术行动和操作环境。是否能够达成目标，取决于运动员对特定环境的适应与技战术操作技能绩效水平。因此，篮球技战术操作能力是构成篮球运动技能组成成分的核心，技能绩效取决于环境变化的干扰程度、人对操作环境的认识以及通过自身运动能力对篮球技战术的控制水平。所以，我们认为篮球运动技能的组成应包括以下三个成分：

（一）篮球技战术操作能力

篮球技战术操作能力指技战术操作的熟练程度和达到的水平，即对基本技术、组合技术、位置技术、技战术组合技术等掌握的程度，是组成篮球运动技能的核心成分，是区别于其他运动技能的重要标志。

（二）运动素质

运动素质是运动员体能的重要组成部分，运动员在运动过程中，机体各器官、系统的机能在中枢神经系统的支配下所表现出来的各种基本运动能力，共分为九种。这些基本运动素质因为主要与大肌肉群运动技能操作有关而区别于知觉运动能力。

运动素质包括九种基本运动能力：一是静态性力量，指人能够对外界物体施加的最大力量。二是动态性力量，指反复用力时肌肉的耐力。三是爆发力量，指为肌肉爆发有效动员能量的能力。四是躯干力量，指躯干肌肉的力量。五是伸展柔韧性，指弯曲或伸展躯干和背部肌肉的能力。六是动态柔韧性，指重复快速躯干弯曲动作的能力。七是全身协调性，指运动中身体各部分的协调能力。八是全身平衡能力，指在没有视觉线索的条件下保持身体平衡的能力。九是耐力，指需要心血管系统参与维持最大限度工作的能力。

（三）心智能力

心智能力包括两个层次：一是初级认知能力，即知觉运动能力。二是高级认知能力，即一般智力和心理技能。

1. 知觉运动能力

知觉运动能力是指对篮球技战术操作环境中的刺激所做的观察和理解，并做出选择、调节和控制的能力。知觉运动能力包括九种：一是多肢体协调性，指协调多个肢体同时运动的能力。二是控制精确性，指单侧手臂或腿在控制器械时做出快速准确动作调整的能力。三是反应定向，指根据自身或操作对象的移动情况快速选择操作模式和方法的能力。四是反应性，指当信号出现时迅速做出反应的能力，包括简单反应性、选择反应性和辨别反应性。在篮球运动技能操作中，反应性的用途是评价运动员在运动情境中，对特定动作形式和开始时间的预判能力和决策速度。五是手臂动作速度，指迅速操作要求最小限度准确性的大的、分立手臂动作的能力。六是速度控制，指根据持续移动的目标、对象的速度、方向的变化调整动作速度的能力。七是手臂灵敏性，指快速条件下用技巧性的手臂动作操作较大对象的能力。八是手臂的稳定性，指在最低限度要求速度和力量的条件下准确控制手臂方位的能力，包括在手臂动作运动过程中或在一个静止的手臂位置时，保持手和臂的相对稳定性的能力。九是准确操作能力，指在快速移动过程中，准确控制动作姿势、获得最佳效果的能力。

2. 一般智力和心理技能

一般智力包括认知定向能力和记忆加工能力，如学习、记忆储存、提取、整合、比较记忆信息以及这些认知过程在新背景下的使用。心理技能是通过练习形成的能影响个体心理过程和心理状态的心理操作系统，是一种与提高人体身心潜能相关的在人脑内部进行与形成的内隐技能，它包括一般心理机能和篮球专门化的心理技能。一般心理技能是指适合所有运动技能操作特点的心理技能，如应激控制、唤醒水平控制、目标设置、集中注意力、表象能力等。篮球专门化心理技能是指适合于篮球专项所必须掌握的心理技能，如球感、时间知觉、空间知觉、动觉方位感、节奏感、篮球意识等。例如，在球类比赛中，运动员的运动技能是开放性的，运动员的运动能力取决于对不完整信息或先行信息的加工过程。利用眼动测试器测试冰球守门员眼动的情况，研究结果表明，无论是在大力射门还是小动作射门的情况下，初学者盯球的次数都比优秀守门员要多得多。因为优秀守门员利用球杆的信息，而不是利用冰球的信息来预测球的飞行，而初学者只有当球杆接触球时才能判断出球的运行情况。篮球运动也有同样的情况，并且随着问题的解决和运动员经验水平的不同，其注视的变化情况也不同，视觉搜索并不是看尽赛场上所有的信息。无论是优秀运动员还是新手，都是倾向于选择特定的信息，一旦认为获得了足够的信息，就马上做出反应。但是，优秀运动员倾向于反复成对地注视进攻——防守队员，而初学者则不注视防守队员，只注视同伴队员。这说明优秀运动员的视觉搜索模式与初学者有所不同，优秀运动员能够注视比较重要的信息。

三、篮球运动技能的类型特征

提到篮球运动技能的类型，几乎所有的研究都认为篮球运动技能属"开式技能"，罚篮动作技能除外。开式运动技能与闭式运动技能的技能分类方法是由英国实验心理学家波尔顿提出的，他根据环境是否稳定把运动技能分为开式和闭式。当环境稳定、可预测的时候，在这种环境下操作的运动技能称为闭式运动技能；如果环境不稳定、不可预测，动作要因环境的变化而不断改变调整，就称为开式技能。波尔顿的技能分类方法的基本依据就是技能操作环境的稳定性。而把篮球运动技能完全归属于"开式技能"的观点，只注意到了篮球运动技能在比赛环境背景中的技能特征，忽视了篮球基本技战术学习阶段的环境背景相对稳定的特征。原因是对篮球运动技能形成过程缺乏整体性的认识。因此，篮球运动技能属开式技能还是闭式技能，要依据技能形成过程中不同阶段的操作环境背景特征来确定。技能操作环境背景的可控性与不可控性特征的分析结果，为篮球运动技能的开式、闭式类型的认识提供了理论依据。另外，不同阶段技能操作目标的不同也反映了技能操作环境背景稳定与否的特征。例如，基本技战术学习阶段的技能操作目标是学习准确、规范的基本技术动作，形成动力定型并达到自动化程度。为了实现这一目标，学习者必须在稳定的环境条件下进行反复的重复练习，提高内部本体感受器调节运动操作的能力。教练员或教师也必须依据技能操作目标调节控制环境，尽可能创造最适宜的练习环境提高练习绩效。因此，目标决定了操作环境特征，同时也确定了在此环境中操作的技能类型。

四、篮球运动技能的特征

篮球运动技能的组成成分应包括篮球技战术操作能力、运动素质、心智能力。运动素质和心智能力是组成篮球运动技能的一般成分，篮球技战术操作能力是其特殊成分。

篮球技战术学习与控制由基本技术学习、技战术组合学习、技战术应用、技战术自组织创新四个阶段构成。

在基本技术学习阶段，其操作环境是事先安排好的、稳定的，具有高控性特征。而技战术自组织创新阶段的技能操作环境是不断变化、不可预测的，表现出明显的低控性特征。而技战术组合学习和技战术应用阶段中的环境则是两种特征并存。

篮球运动技能属开式还是闭式要依据技能形成过程中不同阶段的操作环境

特征来确定，技能操作环境的高控性与低控性特征的分析结果，为篮球运动技能属开式、闭式类型的认识提供了理论依据。

五、篮球运动技能培训相关专业词汇解析

（一）强化基本功

匡鲁彬认为，有些篮球运动员技术比较单调且片面（如会投的不会过，会左手的不会右手等），基本技术掌握得不够全面，特别是脚步动作差，现在会传球的队员不太多。传球的时机、落点、角度、手法掌握不好，往往内线队员抢占了位置，外线运动员却无法将球准确、舒服地交到内线去。[①]

董顺波在《对我国甲级女篮 2006 年夏训体能和基本技术的测试分析》一文中指出："通过专家组对测试队员技术的评定和我们在现场对她们训练和比赛的观察，队员在基本技术的规范度和熟练程度上有很大的差别，特别是投篮技术，无论是投篮和节奏的把握与世界优秀女篮队相比都有很大不同，基本技术相差比较大，普遍存在基本功不扎实和基本技术不全面的问题。这一点与篮管中心官员、专家组成员和测试组成员的意见一致。然而，女篮要重新崛起就必须加强对投篮等基本技术的科学训练。运动员在比赛中技术运用不稳定、发挥不好，防守时跟不上对手的变化、漏人等情况的出现，说明基本功不扎实，还说明在平时训练中教练员不注重基本功练习，所以才会导致运动员在比赛中出于基本技术的原因而屡屡出现错漏。因此，要加强运动员的基本技术训练。"[②]

[①] 王保成，匡鲁彬，王川：《我国篮球运动体能训练中存在的几个问题》，《北京体育大学学报》，2002 年第二期，第 258–260，275 页。

[②] 董顺波，于振峰：《对我国甲级女篮 2006 年夏训体能和基本技术的测试分析》，《首都体育学院学报》2008 第 1 期，第 96-98 页。

（二）"快速"风格

1."快速"释义

从世界篮球运动的发展趋势来看，其发展主线是快速和准确，速度快是手段，准确是目的。快速是创造、寻找和掌握、利用战机达到准确完成动作的手段，"以快制胜"的锐利武器更加受到世界强队的重视。对我国篮球运动来说，"快速"这一概念既可以指向技术风格，也可以用来阐释战术风格。体现在技术动作方面，是指运动员在训练、比赛中的脚步移动快、起跳快、起动快、传接球又准又快、推进快、攻防转换快等。当然，运动员在"快"的同时也要"准"。否则，只"快"不"准"会在比赛中造成更多的失误。而体现在战术方面，最具代表性的就是快攻战术。快攻战术在进攻战术中占有重要地位，是当今世界强队克敌制胜的"法宝"。快攻战术不是一个人、两个人的个别行动，而是全队整体的战术配合。因为快攻不仅包括攻击性强、协同配合的防守体系，并且包括有效地拼抢篮板球、抢断球配合，这是为发动快攻创造条件的前提。球队只有掌握全面、系统的快攻战术，才能在比赛时主动地、有意识地发动快攻进攻。"兵贵神速"，在发动快攻时，运动员的一切动作都必须快。用最快的速度、在最短的时间内完成快攻推进，投篮得分，令对方猝不及防。如果一支球队忽视了快攻战术，那么这支球队"积极主动、快速灵活"的运动风格就难以形成了。因为只有快速才能体现运动员在赛场上积极主动的思想作风。

2."快速"风格

一支球队有了坚定的"快速"思想，必然会带动体能、技战术以及思想作风的不断提高。近年来，我国男篮在国际篮球比赛时，因为一些原因导致球队的进攻速度下降，这种现象在联赛中也不罕见。2011—2012年赛季，由于外援马布里的加盟，北京金隅队在本赛季的比赛中发生了很大的变化。在马布里的带动下，北京金隅队提高了进攻的推进速度，加快了攻守转换的节奏，创造了开局13连胜的新纪录，最终取得了本赛季常规赛的第二名，也是北京金隅队在职业联赛中取得的最好成绩。从这个案例可知，当前最重要的是必须树立我国篮球教练员、运动员的"快速"训练指导思想。有了这个训练指导思想，我们在技术、战术训练工作方面就会制定明确的、可操作性的指标，这也是我国篮球运动向世界篮球高水平迈进的关键环节。"快、灵、准"是我国篮球运动的传统风格，因此要重新树立我国篮球运动的"快速"风格，就要在篮球训练工作中强化快速战术，即快攻战术。

3. 快攻战术

快攻战术是我国篮球运动在20世纪中期形成的"三大法宝"之一，是我国男女篮在比赛中强有力的进攻"武器"。因为快攻战术能在短时间内打出进攻高潮并将比分迅速拉开，奠定比赛胜利的基础。回首我国篮球运动发展的历史，我国女篮之所以能获得世锦赛、奥运会亚军，男篮打入世界八强，其中很重要的原因是当时我国篮球运动有正确的训练指导思想，而主张快速进攻就是其中最重要的组成部分之一。我国篮球运动过程中所提出的明确的训练指导思想是中华人民共和国成立后经几代篮球人努力拼搏、勇于实践、善于总结、不断改进的结果，它们是我国篮球运动的宝贵财富，也是我们今天应该继承和发扬的篮球运动技战术风格。

（三）"灵活"风格

对竞技篮球运动的发展趋势来说，高度所带来的优势已经成为各国的共识，但篮球运动强调的高度不仅仅是运动员身体形态的高，它要求高大运动员高中有壮，壮中有巧（灵活机敏有智慧），使高、壮、快、巧、准结为一体。

1."灵活"释义

运动项目不同，对运动员身体素质的要求也不同。篮球运动所要求的灵活性是传接球的准确、巧妙；在有限场地内的快速起动、急起急停、变速变向的快速、多变；掩护、突分等战术配合的机敏、善变等。因此，我国的篮球运动员应该在加强力量训练的基础上，提高技术动作的细腻性，掌握快速灵活的技术和敏捷的脚步动作，在比赛时才能做到灵活多变，形成"灵活"的篮球运动风格。

2.打造"灵活"风格

2008年北京奥运会，在中国男篮对立陶宛的比赛中，我国以68∶94的比分输给了立陶宛队。纵观全场比赛，我国男篮节场进攻战术配合笨拙、费力，而立陶宛球队的配合则明确、默契、灵巧而轻松。相比之下，我们丢失了传统风格中的"灵活多变"的特点。

马赫执教我国女篮时，他强调攻防的对抗性，尤其是加强防守的对抗性。这种时抗性并非指队员之间的身体接触，而是指在防守时要给对方强烈的攻击性和压迫性。从进攻的角度说，虽然加强对抗性，特别是加强篮下一对一的对抗性也很重要，但基于我国运动员的身体特点，即便身体对抗性有很大提高，但与身体强壮、力量大的外国高大队员相比，从整体上来看并不占上风。因此，从战术的角度来讲，我国女篮如果与对手拼体能上的对抗，并非上策，因此，我国女篮对付外国强队的策略应该是：全场进攻采取快速攻防转换，利用一切能利用的机会发动快攻反击，打对方立足未稳，让对方的强对抗性无计可施，无用武之地，不让她们发挥优势。

在 2009 年中澳国际篮球挑战赛北京站的比赛中,我国女篮以大比分取胜。当然,澳大利亚布林袋鼠队的竞技水平比较弱。但若从亚锦赛的角度来看这场比赛,似乎能够提出一个让人值得思索的问题:中国女篮要战胜身高体壮的世界强队,是靠对抗取胜,还是靠灵活巧妙的打法取胜?在中、澳队的这场比赛中,我国女篮打出了许多快速反击,在无人防守或防守跟不上进攻队员动作的情况下,使对方的对抗性失去了发挥作用的机会。由此可见,我国女篮在与世界强队比赛时,应该靠灵活多变的战术打法制胜。

六、现代竞技篮球运动的进攻与防守

(一)进攻与防守的概念

攻,即进攻,是实现篮球竞赛目的的重要手段之一,也是篮球竞赛行为的基本类型之一,它的行为目的是攻击对手、击败对手,获得时间和空间的主动权。它的行为特征是以运动的状态向对手进击,并在进击的运动中求得"争斗"的更大优势和主动地位,进而实现"争斗"的终极目的——通过一切合法的手段把球投入对方的篮筐。守,即防守、防御,它是实现"争斗"目的的重要手段之一,也是"争斗"行为的基本类型之一。它的行为目的是保存和守卫自己的阵地,不让对方得分。它的行为特征是以相对驻止的状态抵御对手的进攻,并求得竞赛过程中的优势和主动地位,进而达到巩固成果的目的。竞技篮球运动中存在着这两种最基本的行为。因为在"争斗"过程中,双方的行为不是出于进攻的目的,就是出于防守的目的,出于进攻和防守目的之外的任何行为都是不存在的。这是由于"争斗"的目的是击败对手和巩固已得成果,而击败对手依靠的是进攻的行为,巩固已得成果依靠的是防守的行为。"争斗"中没有脱离目的的任何盲目行为，一切行为都是为"争斗"目的服务的。因此，除了为"争斗"目的服务的行为外，不可能有任何别的行为。

由此，"争斗"中的一切行为，不是出于进攻击垮对手的需要，就是出于防守保存自己巩固已得成果的需要，出于进攻和防守之外的任何需要都是不存在的。

（二）进攻与防守的性质

1. 进攻的性质

在"争斗"中，攻的性质和守的性质是完全不同的。从进攻的概念来看，攻是一种对对手的进击，目的是击败对手。它处在一种主动的运动状态，并且在进击运动中追求优势，发挥主动和长处，进而达到攻的目的。由此来看，攻的性质是一种主动进击的行为，是"争斗"行为的发起者，或者说攻击者就是首先挑起"争斗"的人。但是，攻击不仅仅是一种力量的打击，它还包括精神上的攻击、气势上的攻击、使用智谋进行的攻击。攻的行为及其运动状态的过程，只是攻的行为的表象。《孙子》中说："上兵伐谋，其次伐交，其次伐兵，其下攻城。"孙子把运用智谋进行攻击放在首位，而把用力量进行攻击放在次要地位，足见孙子是何等重视"谋攻"。因为任何成功和胜利的"争斗"，都首先是运筹帷幄中的较量和"谋攻"上的"多算""胜算"，其次才有比赛场上追亡逐北的战果。孙子所谓"多算胜，少算不胜"，就是指"谋攻"的重要性。因此，攻的性质，首先是进攻者具有了这种攻击的强烈欲望、攻击的谋略，然后才有攻击的行动。

2. 防守的性质

从防守的概念来看，守是为了保护自己不被击败、不被淘汰，是相对于对手的进攻而言的。它的特征是以相对驻止状态抵御对手的进攻,并在这种相对驻止状态中求得优势和主动地位。守从形式上来看,它是攻击的承受者,因而守的性质是被动的。但是,攻守双方一旦接触,守方就不再是被动攻击的承受者了。守方的还击,也具有了攻击的性质,也是一种主动进击的行为。这就是双方的斗争。克劳塞维茨说:"没有还击的防御是根本不可设想的,还击是防御的一个必要组成部分。"[①] 所以,对进攻的还击就是防御。

总之,防守的性质是承受攻击的被动行为,是相对于进攻而言的,同时防守的手段也是针对进攻手段的一种反应,进攻手段促使防守手段的不断变化,防守手段也反过来促使进攻手段的不断变化。防守建立在相应的还击和对场地或外界事物的利用之上。

(三)防守与进攻的内在联系

比赛中的进攻和防守是相对而言的。因为有了进攻,必然会出现防守。防守和进攻在竞赛双方中是交替变化的。攻和守是相对的,无攻就无所谓守,无守就无所谓攻。攻守两种行为是密切联系的。《孙子》中说:"攻而必取者,攻其所不守也;守而必固者,守其所不攻也。"这段话的意思与我们所讲的攻守两种行为的必然联系完全不同,它从另外一种角度来考查攻守问题。《孙子》中所说的"攻"是进攻对方虚弱和疏于防守的地方,是其该守而不守的地方。这种"攻"已不纯粹是"攻"的一般性概念,而是指一种"攻"的战略战术。《孙子》在这里讲的是如何克敌制胜的战略战术问题,而不是关于攻守两个一般性概念的普遍内在联系问题。

攻守的内在联系是由"争斗"行为的相互作用构成的。对防守的一方来说,

---

① (德)克劳塞维茨:《战争论》,译林出版社 2010 年版。

一方的进攻导致了另一方的防守；对进攻者来说，并不是因为有防守，而是出于实现目的的一种实际行动的需要。

攻守的内在联系也是由竞争目的决定的。争斗的目的在于击败对手、获取胜利，因此攻守也是出于夺得胜利的目的。也就是说，无论是进攻，还是防守，其目的都是夺得战斗的胜利。《唐李问对》中说："攻是守之机，守是攻之策，同归乎胜而已矣。"攻守在"争斗"中的目的是没有矛盾的，是统一的求胜过程的体现。为了达到获胜的目的，防守在外在表现形式上处在被动地位，但在内在行动上则要带有攻击的性质，而防守的胜利会必然转向进攻。军事家们常说，最好的防御就是进攻，即深刻地体现了这一思想的普遍意义。恩格斯在《波河与莱茵河》一文中说："最有效的防御仍然是以攻势来进行的积极防御。"《历代名将言行录》中说："我以退为守，则守不足；我以攻为守，则守有余。"约米尼说："守势作战只要不是属于绝对消极的性质，则常有成功的机会。守方绝不可以站在原地不动，静等着敌人来对他加以打击。反而言之，他应有双倍的活跃，随时保持着机警的态度，一发现了敌人的弱点，马上就加以强烈的回击。这一类作战计划可以叫作'攻势防御'，它在战略和战术上，都具有相当大的优点。"

攻守二者是辩证统一的。攻守虽然是两个截然对立的矛盾事物，但二者却同处于一个统一体中，它们互以对方为存在的原因。并不是处于进攻时就没有防御，处于防御时就没有进攻。如果在进攻中不知道运用防守，就会把弱点暴露在对手面前，并遭到对手的反击而陷入被动挨打的地位，此时攻势就可能变成被动的守势。如果防守中不知道运用进攻，当对手暴露了虚弱点而熟视无睹，放过反攻的良机，就会助长对手的强大，使自己陷入更加被动的不利地位，其结果必然导致惨重的失败。在进攻过程中，进攻是矛盾的主要方面，防守是矛盾的次要方面，防守是潜在的；在防守过程中，防守是矛盾的主要方面，进攻是矛盾的次要方面，进攻是潜在的。如此构成攻中有守、守中有攻的对立统一关系。因此，攻守二者是紧密联系的，是不能被割裂的。

《唐李问对》中说："攻守者，一而已矣，得一者百战百胜。"所谓"一"，就是要把攻守二者有机地统一起来，因为从实际比赛中来看，无论是我方还是对方，都不可能只有优点而没有缺点，只有实而没有虚，或者是只有缺点没有优点，只是虚而没有实。只要双方始终存在着互有强弱、互有优劣的关系，就有攻守统一的绝对必要性。从战略到战术，从思想到行动，从需要到手段，都必须是攻守统一和攻守兼备。攻守统一和攻守兼备，并且运用得当，这往往是取得胜利的重要条件。

攻守的对象是攻守的具体内容，攻守对象的多样性决定了攻守内容的多样性。不同的对阵对象，技战术风格、队伍结构和面貌也不同，必然要有针对性地采取攻防形式。攻守内容的多样性，也决定了攻守形式的多样性。攻守形式随着篮球运动的发展不断变化和有所创新。攻守的形式就是针对具体攻守对象所采取的具体方法和手段。

在篮球运动早期，技术比较原始，也没有太过复杂的战术，攻守的形式都比较简单，随着一系列新的技术不断出现，如跳投、勾手投篮等，原来的防守形式必须要改变。由于单兵作战能力大大提高，一个人防不住单个对手，出现了协防和夹击，为了解决这个问题，掩护也就自然而然地产生了。但是，无论形式怎样变化，攻守行为却没有绝对变化。因此，这决定了攻守基本形式即攻守的普遍形式并没有发生多少变化，变化发展的只是攻守的具体形式。

攻守的具体形式包括了攻守所使用的各种战法。首先从攻守的样式来讲，有阵地战、快攻、人盯人、联防、区域紧逼、全场紧逼等；从时间形式上讲，有所谓快节奏和慢节奏；从作战的具体形式上讲，有正面突破、底线包抄、一一进攻、一一紧逼、夹击、掩护、紧逼反击等；从规模上讲，有半场防守、全场防守等。

攻守的内容和攻守的形式是密切相关的，一定的攻守内容往往需要借助一定的攻守形式来实现。内容是攻守对象的实质，形式是针对解决实质性问题的攻守方法和手段。面对不同的攻守内容，必然要求选择和采用相应的攻守方法和手段，即攻守的形式。

唯物辩证法认为，任何事物都是内容和形式的统一，任何内容都有和它相适应的形式。从统一的角度来讲，攻守的内容和攻守的形式是不可分离的，形式和内容是互相包容的。例如，阵地进攻争夺是攻守的内容，阵地战的各种战法是形式，二者是完全统一的。因为争夺阵地必须借助于阵地战的各种形式来实现，如果一方背离了阵地战的各种规律，必然会导致争夺的失败。

（五）防守技术运用技能

基本姿势包括头、手臂、背、腿、脚五个部分。

1. 头

头部对身体平衡十分重要。在比赛中，头部总是在球和对手之间迅速调动，极易失去重心和有利位置。为减少过多的头部运动，一定要靠准确的判断、高效的脚步移动，占据有利位置，尤其是在滑步过程中，更要注意保持头部的相对稳定。

2. 背

防有球与防无球，防投篮与防运、突、传对背部姿势的要求也有所不同，一般防运、突、投之前是背稍前屈，这种姿势便于起动，有一定的爆发力和弹性。封逼死球及防无球空切时，背部相对较直，以便于身体对抗，"延误"对手的进攻。现代篮球防守仍然是低姿势防守。身体重心低并不是减少膝角即膝关节的弯曲角度，使其处于深蹲状态，而是使自己处于既平稳又易于尽快冲破平衡，及时向各个方向移动的最佳施力状态。因此，防守队员在防有球对手时，多采用在屈膝、降低身体重心的基础上，上体稍前屈，臀部稍后坐，并以全脚掌着地，使自己的手在一定距离的条件下也能接近对手。

3. 手臂

只有用手的攻击才能破坏对方的进攻和获得球权，重心的调整与维持，防有球与防无球，防投篮与防运、突、传打、抢断、封盖与争抢篮板球等，手臂动作的合理运用起着至关重要的作用。投篮有手法，防守亦有手法。不同区域、不同位置、进攻队员持球部位的高低，对手臂的摆放要求是不相同的。防守中手臂绝不能因累而下垂，合理的手臂动作姿势与高度，加大了防守面积，加快了抢球速度，减少了在低处随心所欲地乱捞球，并可减少无谓的犯规。

4. 腿

腿要自然弯曲，降低重心，保持稳定，易于发力，便于起动和起跳，符合人体生理结构特点的就是最佳角度。

5. 脚

防守的起始姿势是两脚平行站立，或前后稍分，两脚之间的距离比肩宽；脚跟稍抬起，两腿屈膝降臀，近似坐姿；上体较直，微前倾头要摆正，两眼平视；

两臂屈肘，高于腰，于心略向上，放于身前。在防守中，脚步移动的作用是使身体及时移位，以保持正确的防守位置和活动范围。

（六）防守专项脚步

脚步动作是防守者在防守时采用的移动步伐，是个人防守技术的基础。防守者运用脚步动作，与手臂和身体其他部位配合，抢占有利位置，最大限度地破坏和阻挠对手的进攻意图，以达到争夺控球权的目的。专项脚步动作有跑、跳、急起、急停、转身、碎步、前滑、迎上攻击步、后撤步、迎前变后撤、后撤变迎前、横侧滑步、交叉步、跑跳步、滑跳步、跳滑步等。

（七）选择防守位置

防守位置包括抢篮板球位置、攻转守退防选位、防有球选位、防无球选位、限制区内的争夺抢位五个部分。

1. 抢篮板球

抢篮板球分为抢前场篮板球和抢后场篮板球。抢前场篮板球，要求用身体的虚晃绕过或摆脱防守队员，常利用手臂"划船"式或直臂单挑式、双手直臂式等动作。抢占空间面积的同时，配合各种步伐、合理的身体冲撞，抢占有利位置，争取获得控球权。抢后场篮板球，则根据对手离篮圈和防守队员之间的距离，防守队员离进攻队员近，就用后撤步转身挡住对手，如离进攻队员有一定距离，就用迎前交叉步配以手臂的"划船"动作做前转身，将对手挡在身后，转身后两肘外展举于体侧。抢占空间面积的同时，两腿弯曲、重心降低、含胸拔背，发力顶住对手，保持最有力的起跳姿势，抢占地面位置。另外，还有与进攻面对面、交叉挡人、弱侧挡人抢位等动作。

2. 攻转守退防

攻转守有主动转守（投中篮或失去球权成死球时）和被动转守（失去控球权）。无论哪种转守，事先都应根据本队的条件，制定防守战术，明确个人职责，根据"球—我—他（攻方）—篮"的防守原则，各自积极地抢占合理有利的位置。

3. 防有球

根据球与篮之间的距离、本队的防守战术打法、个人的防守能力，保持和对手适宜的距离，做到能控制和干扰球而不失位。根据时间、比分、区域、对手决定防守的强度。

4. 防无球

根据"球—我—他（攻方）—篮"的防守原则，不断调整防守位置，坚持"球要经过他必先经过我"的防守原则，进攻队员离球越近，防守就越紧。

5. 限制区的争夺

靠勇敢、靠智慧、靠积极、靠脚步，主动发力，占据最有利的位置。

第二节 排球运动技能培养

新课程改革以来，人们对教育问题不断地进行批评和反思，"生成性教学"这一术语在这一时期频繁使用。生成性教学是在生成性学习的基础上提出来的，是指教师在动态的教学活动中，根据学生具体的学习情况，有针对性地调整教学思路和教学行为的教学活动。现阶段对生成性教学的研究，集中在中小学的语文、数学、化学和历史等学科上，并取得了可观的成果；但在体育学科中，生成性教学的研究很少，还没有出现具体某项体育运动项目生成性教学方面的研究资料。目前，体育教学虽然进行了一些改革，但仍是采用传统的教学模式进行授课，对学生的主体性不够重视，不能激发学生的学习兴趣和运动动机，而生成性教学始终关注学生主体性的发挥，能激发学生的学习积极性和主动性。因此，本节将把生成性教学引进排球运动技能教学中，并通过教学实验验证生成性教学对排球运动技能教学的影响。

一、生成性教学概述

我国的教学深受赫尔巴特和凯洛夫教学思想的影响，特别是"教学过程是特殊的认识过程"影响了我国几代学者，教学过程的"组织教学——复习旧知——新授——巩固练习和布置作业"已成为一种固定的教学形式。20世纪80年代中期，我国对基础教育进行批评反思，2001年6月由教育部印发的《基础教育课程改革纲要》提出，教学过程要"注重培养学生的独立性和自主性，引导学生质疑调查、探究，在实践中学习，促进学生在教师的指导下主动地、富有个性地学习"。近年来，我国又深化了教学改革，教学过程不再被视为一种简单的活动过程，而是看作教学活动的主体围绕一定的活动主题在特定的情境中，通过互动建构的实践活动，是教学要素之间相互作用、变化和发展的过程。师生在动态的教学中，促进学生知识与技能的形成、情感态度与价值观质的飞跃。这不仅打击了传统的教学模式，还严重打击了教师的教学。随着新课程改革的不断深入，教师对生成性教学理论不断了解，把生成性教学引入教学领域已成为众学者的期待。

生成性教学实践探索先于理论研究，最早可以追溯到20世纪80年代，在意大利的瑞吉欧·艾米里亚地区就进行了生成性教学的实践探索，但这次教学活动主要是在幼儿园内进行的。最早把生成性教学理论和实践结合起来的研究者是美国太平洋橡树学院伊丽莎白·琼斯教授和约翰·尼莫教授，在他们合著的《生成课程》[①]一书中，记载了他们亲自指导的美国一家幼儿园一年中生成课程的实践情况。伊丽莎白·琼斯教授和约翰·尼莫教授认为，生成性教学"是一个教育环境中实际发生的事情——不是理性上计划了要发生的事，而是真正发生的事情"。他们强调生成性教学的真实性和实践性。

从目前搜索的文献资料上来看，对生成性教学理论的研究很多，虽有些已经运用到语文、化学、数学、历史等学科中，但对体育教学的研究很少，还没有人涉及把生成性教学理论引用到体育教学中。随着信息化时代的到来，越来越多的人开始关注奥运会，关注排球运动。排球运动是一项集体项目，其技术复杂、战术精细、攻防瞬息变换，具有高度的刺激性和敏锐的灵活性，深受广大民众和学生的喜爱。在我国高校体育教学中，排球运动一直占有重要地位。但由于其对动作技术的要求较高，而且技巧性又比较强，给高校排球运动的教学带来了一定的影响。现在大学体育专业毕业生大多扮演着中小学体育教师和低层体育指导者的角色，这就要求学生更好地掌握排球技术和自主学习排球知识，使其在以后的体育教学工作生涯中更好地教授下一代排球学习者。仅依靠在课堂中学习的知识并不能满足社会对学生的要求，学生不仅要掌握基本的排球知识，还应持一种终身学习的精神，这就需要教师激发学生深入学习排球知识的兴趣。

目前排球运动技能教学仍以常规教学为主导，遵循教师讲解示范、学生根据教师的指导逐步练习、教师指导纠错、学生巩固练习，最后达到一定的技术

---

① 伊丽莎白·琼斯，约翰·尼莫：《生成课程》，周欣，卢乐珍，王滨等译，华东师范大学出版社 2004 年版。

水平。常规教学只是让学生达到了课程目标的要求,并没有引导激发学生学习的兴趣。现代教学要求教师不仅要让学生掌握应有的知识技能,还要引导学生对此项运动的热情,以保障学生在以后的学习生活中深入探究、自主学习,形成终身学习的理念。随着新课程改革进一步深入,学生的主体性逐渐得到关注,生成性教学的出现解决了这个难题。首先,生成性教学符合新课改的要求,关注学生的主体作用,在教学过程中是以学生的学习活动为中心,教师根据具体的教学情况来调节课堂,以使学生更好地学习课堂知识和运用各项技术;其次,生成性教学关注发展的教学目标或动态的教学过程,在预设好的教学目标和过程上,教师可以根据具体的教学环境来降低或提高教学目标和改进教学过程,适应学生的学习情况和满足学生的需要;再次,生成性教学注重个性化的教学方法,教学要以学生为中心,适合学生的方法才是最好的方法,要根据学生个体的差异性来采用不同的教学方法,使学生快速有效地掌握知识技能;最后,生成性教学还关注多元化的评价方式,形成性评价和终结性评价相结合,这将激发学生学习的热情。为此,本节将在排球运动技能教学中采用基于生成性教学理论的排球运动技能教学优化策略,并通过教学实验探讨与验证基于生成性教学理论的排球运动技能教学策略的有效性,为进一步深化体育教育的改革和改进排球技术教学提供理论参考。

二、基于生成性教学理论的排球运动技能教学策略的设计

(一)设计的目的和意义

排球教学策略设计一般是指教师根据排球教学设计的有关原理和设计思想,既定预期的目的和要求,把握教材的具体教学内容,针对教学对象,在教

学过程中安排系统完整的教学程序和教学结构，制定出有利于取得良好教学效果的策略，并为设计为完整的课堂教学做铺垫。在排球运动技能教学策略设计中，把握教学设计的各个环节，促进课堂教学各要素之间有效联系，使教学过程系统化，这既能提高教师的执教和观察能力，帮助教师把握好课堂教学的各个环节，又能让学生有效掌握排球技术，提高学习效率，从而改善课堂教学效果。

（二）设计原则

1. 弹性化原则

弹性化原则是指在生成性教学设计的过程中，对教学内容的设计除了预设的基本确定性知识外，还包括一定量的师生间共同建构的生成性知识；在教学进度上，要根据学生学习和掌握知识的情况来弹性地调整教学过程，使学生更好地理解知识和技能掌握。

2. 动态化原则

动态性原则是指在教学活动中，会出现许多意想不到的问题和情况，教师不能机械地依照预设好的教学过程进行，应用发展的、动态的眼光，根据具体情况进行灵活处理，积极引导教学活动不断更新，生成新的超出原计划的教学过程和教学目标。

3. 合理性原则

合理性原则是指在教学过程中，教师应根据学生对知识的掌握情况，合理地安排课堂内容、教学进程和教学方法。教学内容应在学生接受的能力范围内或稍高于学生的接受能力，以便学生更好地理解和接受。教学设计安排得是否合理，将影响学生对所学内容的掌握、对所学知识的兴趣和学习成就感，从而影响学生的学习积极性和主动性。

4. 有效性原则

有效性原则是指所生成的教学过程对主体的成长及教育是有用的、具有积极意义的，生成的目的不是为了生成而生成，而是为完成某一任务而服务的。因此，主体在生成时必须在正确价值观的指导下；生成的内容应具有一定的有益性，应该是积极的、有意义的，是有价值的教学内容。

5. 发展性原则

发展性原则是指教学设计要求设计者把学生看成不断发展变化的，应该采用动态的、变化的指标进行衡量；设计者在发挥其主导作用的同时，也要充分考虑学生已有的知识经验、态度和心理变化。

（三）设计的理论依据

本设计基于建构主义理论、人本主义理论、生成性学习理论，从各个角度和不同方面为优化排球运动技能教学策略的设计提供充分的理论依据。

1. 生成性学习理论

生成性学习理论是美国教育心理学家威特罗克最早提出来的。他认为学习是一个主动的生成过程，学习者积极地接受知识，并主动地对知识进行加工处理，最后构建出自己对知识的理解。理解是学习者的视野与文本相互交流融合的过程，在教学过程中，注重学生与文本的互动，通过学生和知识的不断作用，学生对知识不断地理解探索。生成性学习理论注重学生对知识的自主探索，学生以自己现有的知识水平对新知识进行学习探索，经过学生不断地探索，最后领悟到知识的真谛。这个过程是学生自主学习的过程，充分体现了学生在学习中的主动性。这一特性是生成性教学的基本特征,生成性学习理论是生成性教学的基础,因此生成性学习理论也可以作为生成性教学策略设计的理论基础。

2. 建构主义理论

建构主义强调学生对知识的主动探索、主动思考以及对所学知识的主动建构,区别于传统教学中的"教师怎么教,学生怎么学"的模式。在教学观念上,以学生为中心,突出的是学生的"学",充分尊重学生的主体地位。学习的意义在于学生以自己原有的经验和认识,对接收的信息进行重新认识和理解,建构起自己的理解。在这个过程中,由于接触新信息,使得原有的经验和认识也发生了变化,在教学目的上,鼓励学生分析他们自己观察的事物,发展创造性思维。在教学环境上,强调学习环境在学习中的作用,学生自己创设一种学习环境,在这一环境中,积极学习,与周围的同学相互讨论、交换意见,以此获得对事物的见解。

建构主义把教学视为学生主动建构知识的过程,知识的获得是在特定的情景,对某一主题或问题进行探究的过程。因此,教学是一个知识传授和能力发展相结合的过程。建构主义正是对行为主义的一种反思,行为主义教学的目标模式是一种预设性的目标,教学的过程就是根据这个预设的目标选取教学内容、教学方法,然后实施教学内容,最后达到预设的教学目标,因此建构主义理论可以作为本教学策略设计的理论依据。建构主义则与之相反,把教学看成动态的、不断变化的,这与生成性教学理念相同,可以作为生成性教学策略设计的理论基础。

3. 人本主义理论

人本主义理论的宗旨是树立以人为本的思想、全面发展的原则,体现"人文关怀",打破教师中心论,提倡学生突破机械学习、被动接受知识的局面,要求学生主动参与,重视学生的认知发展,此外,人本主义更关注学生的兴趣、动机、情感的发展趋势,了解学生的内心世界,顺应学生的学习需要、学习兴趣、学习经验,把握学生的个性差异,激发学生的潜能,使其认知和情感交互作用,强调学生的创造力、动机、情感、兴趣、认知等方面对行为的约束作用。

人本主义主张在教学的运用中从各个方面强调"以人为本"的理念,这要求教育者在教学活动中充分贯彻这一策略思想,重视人文关怀,同时激发学生的学习动机和兴趣,重视个体差异,使每个学生都能获得最适宜、最充分的发展。人本主义和生成性教学理论具有高度的统一性,因此人本主义理论对产生成性教学策略设计具有一定的借鉴作用。

三、生成性教学的排球运动技能教学策略

(一)教学目标

生成性教学目标是在教师创设的教学情境中,通过教师捕捉生成性的教学资源,在引导学生思考的过程中自然而然生成的。教学目标主要从知识与能力、过程与方法、情感态度与价值观三个维度进行弹性预设。

1.认知目标

首先,通过排球运动技能的学习,学生能理解、记忆各项基本技术动作要领和动作概念,掌握各技术环节的技术要点,建立清晰的技术动作表象;其次,学生要理解掌握各技术的动作要点,了解技术的难点和相关的理论知识,为技术的运用做准备;再次,学生可以将已学的知识运用到新的教学中,并可以解决一些简单的问题;最后,学生能对技术状态做出价值评判,运用已学的知识

解决复杂的问题。

2. 情感目标

首先，激发学生对本课程的兴趣、好奇心。其次，培养学生独立思考、自主学习的精神，让学生积极参与到教学活动中，发挥学生的主体作用。最后，培养学生互助的品质，增强团队凝聚力和不怕疼、不怕累的优良品质。

3. 技能目标

要求学生基本掌握传球、垫球、发球和扣球的技术动作，以及能够参与排球教学比赛。首先，通过感觉了解技术动作，并对此做出条件反射，对技术动作具有观察分析能力和模仿能力。其次，通过自主学习和探究掌握各技术的动作要领和重难点，能流利地做出各技术动作。最后，在教学比赛中，能顺利运用各项技术动作，达到动作的自动化与规范化。

（二）教学策略

1. 弹性预设教学方案

（1）课堂目标的弹性预设

课堂目标是一节课的教学目标，是一节课的核心，控制着教学过程，是进行教学的出发点和归宿。在设计一节课的课堂目标时，既要考虑实际的教学目标和期望的教学目标的差异，又要关注学生个体之间的差异，要使课堂教学目标具有一定的"弹性空间"。课堂教学目标应该分为基础性教学目标和发展性教学目标。基础性教学目标即掌握基本的技术要领和完整的技术动作，发展性教学目标是对所学技术的运动，即在一定的情境中，学生可以适时地运用各项技术。例如，在教学过程中，若学生对基础的教学目标没有掌握牢固，那么教师将进一步改进教学方法，对学生进行强化训练，让学生规范掌握技术动作的要点；然后再进行发展性教学目标的学习，让学生每一步都脚踏实地地走好，为以后的排球技术学习打下坚实的基础。

（2）板块设计教学内容

教学方案即我们俗话说的"教案"，在教学之前，教师对学生的特点、教学环境和教学内容等因素进行学情分析，并制定出相应的教学预案。生成性教学是在预设基础上的升华和发展，是对预设性教学的补充和修正，以此来增加学生的学习兴趣，使其更好地掌握课堂知识和技能。在设计教案时，教师应尽可能多对本节课可能出现的问题和情况进行设想，并根据具体情况设计出应对方法，以便更好地调整教学手段，引导学生在轻松愉快的学习环境中学习。所以，笔者认为，在排球教学中教师可以采用板块教学，有利于教师掌控课堂教学动态发展。

例如，教师在教授"正面双手垫球技术"这项技能时，就可以设计以下板块：

板块一：正面双手垫球技术的动作要领学习。

学习活动1：观看教师做规范完整的示范，并讨论垫球技术的动作要领。

学习活动2：结合自己对垫球技术的理解练习。

板块二：探究正面双手垫球技术的技术要点和难点。

学习活动1：学生自主练习垫球技术，并总结自己练习中的不足。

学习活动2：学生合作练习垫球技术，相互指导学习。

学习活动3：学生讨论总结垫球技术的要点和难点。

板块三：探究移动中正面双手垫球技术。

学习活动1：两人一组，一抛一垫练习。

学习活动2：三人一组，两人抛球一人移动中垫球练习。

在进行正面双手垫球技术教学中，教师根据学生的基本情况，安排课堂内容，调控课堂进度，教师根据学生对知识的掌握状况进行教学。在进行正面双手垫球技术学习时，教师将教学内容分为三个板块，每一个板块又分成若干个学习活动，教师可以根据学生对技能的实际掌握情况进行组合或变动。

2.个性化的教学方法

生成性教学方法的选择必须以满足学生自身的发展为前提，有利于训练学生生成性思维；方法不是固定的模式或机械运作，它是学生正确掌握运动技能的脚手架。从某种意义上说，生成性教学方法的选择是根据教学过程的需要和教学环节的改变，随机采取的解决当前教学问题的教学方法，同时依据实验者自身的特点和教学环境对教学方法进行选择。

首先，分层教学法。分层教学就是教学根据学生的不同学习情况，对其进行分组。分组方法有同质分组、异质分组。在生成性教学中，我们将采用动态的同质分组和异质分组。在教学前，教师应先进行同质分组，给不同阶段的学生提出阶段目标，待技术到达要求，教师再给其提出更高的要求。经过练习，教师再进行异质分组，让技术掌握好的学生去帮助学习技术困难的学生，充分利用学生自身的资源，以学教学。这样不仅帮助了学习技术困难的学生技术的掌握，还巩固了能力强的学生的技术，更帮助了教师的教学，充分体现了学生的主体性和教学灵活动态。

其次，互动教学法。教学环境的好坏直接影响学生对课堂的喜爱程度，所以若想把学生的积极性调动起来，教师必须给学生提供一个开放、民主、平等、互动的教学氛围，让学生在轻松愉快的环境中学习。新课改倡导教学要注重学生主体性的发展，学生的主体性主要体现在学生对课堂的参与性上。在课堂教学活动过程中，师生应多进行交流互动，教师也应该多给学生提供学生之间的相互交流，这样不仅能增进师生之间的感情，还能促进学生之间的交流。学生之间相互帮助、相互学习，相互交流学习的心得体会，这样教师的教学将会事半功倍。

例如，在教授传球技术时，教师就能创设以下情境：

情境：所有学生两人一组，都在进行传球练习，教师正在巡视学生的练习情况，突然看到一位学生在甩自己的手，教师就走上前去问原因。经了解得知，这位学生在传球时顶到了手指。针对这一情况，教师与学生展开了讨论。

师：这位同学为什么顶到手指了？

生1：他的手太僵硬了。

生2：他的击球手型不对。

师：手型不对？那正确的手型是怎样的？你能做个示范吗？

生2：行！

（生2进行示范）

生3：老师，他说对了，但做得不好！

生2：我做得不好，你做个标准的，我学习学习！

生3：做就做，又不是不会！

（生3做动作）

师：嗯，做得很好。大家现在都看到了吧？那我们继续练习，出现问题再讨论。

在本节课的授课中，整个课堂氛围都很好，学生的积极性很高，对本节课知识技术的掌握很好。这充分体现了学生的主体性和学生对课堂的参与性，教师给学生提供了互动的教学环境，在师生和生生之间搭建了民主平等的交流平台。

3. 捕捉利用教学资源

教学资源即在教学过程中突然出现的一些有利用价值的信息，所谓有利用价值的信息就是在教学过程中有助于提高学生的知识和技能、培养学生良好的情感态度和价值观的信息。例如，课堂上学生的一句问话或一个错误、突发事件或一个相左的意见等，均有可能成为可以利用的教学资源，而这也恰恰能突出一个教师所具备的教育机制。所谓教育机制，是教师在教学过程中的一种特殊定向能力，是指教师根据学生新的特别是义务外的情况，迅速而正确地做出判断、随机应变地采取及时、恰当而有效地解决问题的能力。教育机制是教师良好的综合素质和修养的表现，是教师娴熟地运用综合教育的手段和能力。

首先，关注问题资源。生成性资源无处不在，在课堂教学中不是缺乏生成性的教学资源，而是缺乏善于发现和有效利用教学资源的慧眼。在教学过程中，教师及时捕捉课堂上师生、生生互动中产生的有探究价值的新信息、新问题，并能在亮点处引领，在冷场处引领，在迷茫处引领，在错误处引领，把师生互动和探索引向纵深，使课堂再产生新的思维碰撞和交锋，从而再有所发现、有所拓展、有所创新，促进教学的不断生成和发展。

例如，在扣球技术教学的过程中，教师可以创设以下情境：

情境：教师正在给学生讲解扣球技术的动作环节和技术要领。

生1：老师，你让我们回去看教学视频，我们都看了，你就让我们上网扣球吧！

师：真的吗？那老师想请你和大家叙述一下动作要领。

生1：扣球技术动作包括助跑起跳、挥臂击球、缓冲落地。

师：嗯，很好，有没有同学补充？

生2：挥臂击球时，击球动作和发球应该一样吧？

师：好，这个问题问得很好。下面我们就针对发球和扣球进行对比分析。

在这堂课中，学生听得都很认真，最后经过教师的讲解和学生的讨论，最终使学生更清楚明白地掌握了两项技术，并了解了两项技术的差异。若在学生2提出问题时，教师只是直截了当地回答"不一样"，并继续自己的教学，这将错失教学良机，不仅使学生尴尬，而且会让学生对教学产生不满情绪。带着这种不良情绪，学生将很难认真听讲。所以，教师对于课堂中有益于教学的问题或提问，应予以肯定的、积极的回应，让课堂时刻充满奇迹，这样也会让学生刻苦钻研、积极提问，这将是良好课堂氛围的开端。

其次，关注突发事件。在教学过程中，教师虽然对教学有一定的预设，但突发事件还是不可避免的。因为教学过程是一个动态的、瞬息变化的过程，每个个体都有自己对知识的理解和认识。若想学生对课堂有长期的兴趣，就需要教师研究学生，时刻关注学生在课堂中的表现。教师处理突发事件的方式可以反映一个教师的素质，教师对突发事件处理的好坏影响着学生对课堂的喜爱和热情。对于突发事件，教师应给予肯定，鼓励学生多提出疑问，通过探索得出结论，这样学生对知识的掌握将更加牢固。

四、分析与讨论

（一）基于生成性教学理论的排球运动技能教学策略对排球运动技能习得的影响

基于生成性教学理论的排球运动技能教学策略对排球运动技能习得具有促进作用。生成性教学是动态的、发展的教学活动，这给学生留有充分的空间来发展自我的学习能力、自我掌控和自我监督的能力。当代学生个性迥异，都有各自的想法，期望能按照自己的方式来学习探究。生成性教学正好可以满足学生的个性发展，可以调动学生的积极性；能够取得良好的教学效果，有利于学生更好地掌握各项技术，提高学生的人际交往能力。

但是，从实际的情况来看，学生的颠球技术和扣球技术中具有显著性的差异，笔者从以下两个方面进行阐述：

1.学习的迁移

学习迁移是指一种学习对另一种学习的影响，或习得的经验对完成其他活动的影响。网球运动发球时借助于外在的器械击球，而排球运动中的发球是不借助运动器材的，两者的发球动作轨迹不同，但由于长期重复网球发球动作练习，学生已经形成了一种发球动作定势，这将对排球教学中的发球动作的学习具有一定的影响。网球的发球动作和排球的发球动作具有本质上的不同，之所以在发球技术上没有产生显著性差异，就是因为在排球发球技术学习中产生了学习迁移。

2.教学内容的板块设计

板块设计是教学方案的具体化，是通过对学生基本情况的了解和学习环境的考虑，对教学方案的具体划分和有针对性的安排。在教学设计中，将教学实施过程中的教学内容分成若干个板块，针对不同阶段，设置不同的教学内容，安排不同的教学方法和练习强度，解决这一阶段的教学任务，待所有学生完成该阶段的教学目标后，再进行下一阶段的安排和实施，以此递进式设计教学板块，以达到整个教学任务的顺利完成。

通过教学的板块设计，教师可以全方位地掌握教学内容的安排，根据每个板块教学中学生对教学内容的理解和掌握情况，进行教学手段的调试，能够有效地促进学生对排球技术动作的习得水平，满足教学需要，取得预期的教学效果。

（二）基于生成性教学理论的排球运动技能教学策略对运动动机和学习兴趣的影响

如上所述，基于生成性教学理论的教学策略在一定程度上激发了学生的运动动机，提高了学生的学习兴趣，分析其原因，主要可以从以下两个方面来说：

1. 弹性的预设，给学生自我探索的空间

在生成性教学课堂中，教师给学生留有一定的自主学习和探索问题的空间，体现了生成性教学"动态、发展"的教学特征。当代学生都各具主见和思想，在教学活动中为了充分发挥其主体性作用，教师在教学时应适当放权，适当地引导，促进教学过程的生成，让学生在自我学习探索中展现自己，体现自我价值，满足学习需要。

2. 教学资源的及时利用，激发学生的学习热情

在生成性教学过程中，学生不仅是教学对象和学习的主体，也是教学资源的组成者和生产者。学生在教学活动中的表现，如积极性、注意力、一系列的发言、提问、争辩及错误的问答等，均是可利用的教学资源。教学资源无处不在，

教师根据具体的情况加以引导，既有效地利用了学生在学习中自我产生的资源，又可以激励学生，让学生对课堂充满热情。所以，在教学中，教师要充分利用学生自身的特点，让学生发现问题，通过教师的引导，不仅能够使学生掌握应有的知识技能，还能满足学生的表现欲。但是，在实际的教学过程中会出现一些突发性事件，教师要根据学生的具体情况与学生共同处理，以达到师生之间的交流互动，保证课堂教学的顺利进行。

（三）基于生成性教学理论的排球运动技能教学策略对团队凝聚力的影响

团队凝聚力是指团队对成员的吸引力、成员对团队的向心力以及团队成员之间相互的影响和吸引。团队凝聚力的大小可以从侧面反映一个班集体的好坏，而生成性教学法教学策略对团队凝聚力起了影响作用，具体体现在以下两个方面：

1. 个性化的教学方法

新奇的事物对每个人都有一定的吸引力，个性化的教学方法能够激发学生的学习兴趣。在生成性教学活动中，笔者主要采用分层教学法和互动教学法，分层教学法是教师根据学生的自身能力的特点和教学的条件，在看重学生个体差异的情况下，将学生分层，每个层次的目标和练习方法是由学生自己来定的。不过需要注意的是，在实施的第一阶段我们可以采用同质分组，教师对低层次的学生进行循序渐进的教学，使其在不断练习强化中达到最终的目标；对于层次高的学生，要充分调动其积极性，让其自我探索，在自主学习中理解掌握知识。第二阶段采用异质分组，学生自由组合分组，形成互帮小组，每个高层次的学生带一个低层次的学生，这样既利用了可利用资源，又增加了学生之间的交流，在一定程度上增强了团队之间的凝聚力。

2. 适时的教学比赛

在生成性教学过程中，教师根据学生的表现情况，适时地组织小型的教学比赛，既可以提高学生对排球技术的掌握运用和学生学习的积极性，还可以让学生在比赛中明白团队合作的重要性。一个球队若想打出好的成绩，需要团队中每个人的努力，并不是只靠一个人就可以完成。一万次的想象，不如一次的亲身经历，实践经历可以让学生更好地明白排球比赛中团队凝聚力的作用。学生未来要走向社会，在以后的生活工作中都要与人交往，让学生早点融入大集体中，让学生感受集体的温暖，以使学生形成正确的人生观、价值观。

由此我们不难发现，将生成性教学引入排球运动技能教学中是可行的。在研究基于生成性教学理论的排球运动技能教学策略时，我们不难发现，生成性教学理论下的排球运动技能教学策略可以有效地提高学生对排球运动技能的习得，有利于激发学生的学习兴趣，提高学生的运动动机，增强学生的团队凝聚力。

基于生成性教学理论的排球运动技能教学优化策略在排球运动技能教学中实施，能够激发学生的学习兴趣，提高学生学习的积极性和主动性，增强学生对排球运动的喜爱；能够提高学生的团体凝聚力，培养学生的人际交往能力；有助于增强学生的自信心，提高学生运用排球技术及参与排球比赛的能力。

第三节 羽毛球运动技能培养

随着我国人民生活水平的不断提高，各级教育部门、各级体育部门和各类社会团体组织的学生羽毛球比赛越来越多，这就产生了对学生进行羽毛球训练的需求。本节以多球训练法在学生羽毛球运动技能中的运用为中心内容，对学生羽毛球训练中的一个子方法——多球训练法进行深入的探索研究，以启蒙阶段的多球训练法为主，对今后开展学生羽毛球运动技能的理论研究提供一定的参考。另外，本节以对学生羽毛球运动技能中所使用的多球训练法进行研究为切入点，对训练内容、训练程序等进行研究，寻求行之有效的措施与方法来提高学生羽毛球运动的教学质量和教学效果，对培养高水平的学生羽毛球运动员具有一定的现实参考意义。

一、多球训练法的概念

羽毛球多球训练法是指教师站在球场的一侧以发球的形式连续地发出一定数量的球，队员则站在球场的另一侧来击打教师所发出的球，其目的是通过反复练习某一单一技术或几种技术的组合，达到提高队员羽毛球技术水平的训练方法。根据羽毛球的各项技术，可以将训练法分解为高远球技术多球训练法、平高球技术多球训练法、杀球技术多球训练法、劈吊球技术多球训练法、滑板吊球技术多球训练法、后场正手区被动抽球技术多球训练法、后场头顶区反手球技术多球训练法、中场接杀球技术多球训练法、搓放网前球技术多球训练法、网前勾对角技术多球训练法、网前挑球技术多球训练法、网前推球技术多球训练法、网前扑球技术多球训练法等。另外，根据实战情况，可以将各个单一技术多球进行组合，如杀球技术和各种网前技术相结合便可组合成杀上网技术，吊球技术和各种网前技术相结合便可组合成吊上网技术等。此外，还可以通过多球数量的控制和发球速度的变化来达到提高不同代谢能力的作用。例如，发球时采用一组多球的数量在 10~30 颗之间的发球速度较快的多球训练时，经过多组训练后可以有效地提高无氧代谢能力；发球时若采用一组多球的数量在100颗以上的发球速度适中的多球训练时，经过一段时间的训练后可以有效地提高有氧代谢能力。

二、羽毛球多球训练法在教学训练中的重要作用体现

（一）多球训练对于学生动力定型有重要的作用

羽毛球技术中的高球、吊球、杀球、网前球是最基本的技术。学生在学习技术动作的初始阶段，对于各技术动作要领并不十分清晰，因此在操作中往往会表现为动作僵硬，缺乏连贯与协调性，甚至有较多的错误动作与不必要的动作，此时需要不断重复多次练习来形成动作表象。多球训练比单球练习在单位时间内练习次数更多、密度更高、强度更大。采取针对性措施，通过围绕掌握和规范动作、强化某一技术特点的单一或连贯的多球练习，纠正和改进错误动作，强化某个技术环节的动作定型，逐渐掌握相关的技术要领。

（二）多球训练有利于强化羽毛球技术节奏感的养成

羽毛球项目在对抗时，球的来回速度、路线上都表现得较为紧凑，需要在对抗时不断控制自己的身体与速度变化，保持击球动作和步法移动协调一致，出球予以回击。多球训练本身具有多变性及可控性的优势及特点，供球者在实际的操作中可采用各种技术组合，多样性地进行不同路线、不同速度、不同弧度、不同落球点的供球，让练习者及时对不同变化的来球做出各种判断，逐渐适应击球变化所需的力量、方向与速度，对不同击球技术之间的应用产生条件反射性的操作，从而提高他们羽毛球技术的节奏感。

（三）多球训练能有效提升学生的各项身体素质

羽毛球运动经常会出现多拍的现象，连续性较强很容易使身体血乳酸值迅速升高，甚至处于缺氧状态。因此，身体素质的高低直接影响羽毛球技术水平的高低。多球训练由于来球的多变性，要求练习者必须高度集中注意力才能完成每个技术动作。高强的训练密度能够最大限度地加快步伐的移动、挥拍动作的速度和幅度，有效锻炼学生的速度素质、力量素质、有氧耐力水平和身体的协调性。通过各种形式的多球训练，学生的注意力被无形地吸引并积极主动地投身到训练中去，有效地解决了传统身体素质训练枯燥乏味这一矛盾，激发了学生练习的积极性。

三、学生羽毛球运动技能培养的目标

《义务教育体育与健康课程标准》中指出，中学生运动技能目标有学习体育运动知识、掌握运动技能与方法、增强安全意识和防范能力。在学生运动技能培养中，通过运动技能的学习使学生初步掌握基本的羽毛球运动能力，能够完成基础的羽毛球技术动作。江宇在《从心理学视角论体育与健康课程运动技能目标的价值定位》中指出，人们从事体育运动和进行体育锻炼时所表现出来的能力，也就是以体育为目的的动作能力是最基本的目标，因此运动技能目标可以设定为基础技能目标、组合技能目标和竞赛技能目标。[①] 任何一个项目运动技能的形成与培养都是一个完整的系统过程，是一项集技术、战术、心理和体能为一体的综合培养过程。在学生羽毛球运动技能的培养中，各项单一基础

---

① 江宇：《从心理学视角论体育与健康课程运动技能目标的价值定位》，《北京体育大学学报》，2009年第1期，第92-94页。

技能的培养是其重要的组成部分。学生在学习能力和体质特征方面有别于成年人，处于运动技能培养的初级阶段，因此在学生羽毛球运动技能的形成过程中，最为适合也最为重要的技能培养内容就是技术和身体素质的培养。其中，羽毛球击球技能的掌握，是学生进行下一阶段训练的基础。羽毛球属于技能主导类隔网对抗，在羽毛球技能培养的每一环节，都需要击球技术作为展开训练的基础。

四、启蒙阶段多球训练法的组织实施

根据 2012 年国家体育总局青少年体育司，国家体育总局乒乓球羽毛球运动管理中心编写的《中国青少年羽毛球训练教学大纲》[①]的要求，羽毛球教学训练的启蒙阶段是指还未掌握羽毛球基本技术的学生们所处的阶段。因此本实验中初一年级的学生正处于启蒙阶段。下面对试验中启蒙阶段的羽毛球多球训练法的运用进行详细的介绍。

（一）训练目标

掌握羽毛球的基本击球技术（高远球、吊球、挑球、搓球、勾球）；使击球动作标准、协调，达到动作自动化；击出球的飞行弧线能够高低合理且保持稳定；使击球的落点比较精准。

（二）教学手段

启蒙阶段多球训练法的教学手段包括羽毛球场地（五片）、羽毛球拍（每人一支）、羽毛球（30 颗）、羽毛球教学课时计划。

---

① 国家体育总局青少年体育司，国家体育总局乒乓球羽毛球运动管理中心编：《中国青少年羽毛球训练教学大纲》，北京体育大学出版社 2012 年版。

（三）组织形式

启蒙阶段多球训练法的组织形式以实践课为主，以演示为辅，即教师站在球场的一侧连续发出 30 颗球，队员则在球场的另一侧来击打教师发出的球，与此同时教师根据学生的击球效果，可以运用口头讲解或动作示范来加以规范击球动作。

（四）训练方法和要求

按照循序渐进的教学原理，羽毛球所有技术的训练过程都为：首先掌握定点击球技术，然后再掌握移动中的击球技术，最后再将各项技术综合运用。因此，笔者将分别对各项基本技术的训练方法进行论述。

1. 高远球的多球训练

（1）定点击打高远球的多球训练

首先，训练时让学生在球场一侧的双打后发球线位置做侧身架拍动作（以便学生养成侧身的习惯），教师在球场另一侧的中间位置发高远球，要求发出球的高度足够高，能使球垂直下落且落点尽量在队员的头顶上方，使队员减少移动（因为移动中击球的难度要大于定点击球的难度，不利于初学者的动作定型）。

其次，由于击打高远球是所有羽毛球后场技术的基础，而熟练的挥拍则是击打高远球的基础，因此此项训练要求挥拍练习和击打高远球练习相结合，即当一人在场上练球时，要求其他学生做挥拍练习。

最后，教师在喂多球时，发球速度不易过快，等待学生击完上一个球，动作完全还原后才能发出下一颗球。教师在喂球过程中发现学生动作错误时，要及时停止练习并加以纠正。

（2）移动中击打高远球的多球训练

当学生熟练掌握定点击打高远球技术后，就可以进行移动中击打高远球的多球训练。

首先，学生采用后退步法移动到后场时，教师发出高远球，此时并不需要把球发到学生所处的准确位置而是大体位置，让学生自己去寻找最佳击球点。教师发球速度不宜过快，等学生快要移动到后场时才能发球。当发现学生动作错误时，教师要及时停止练习并加以纠正。

其次，学生在场上的移动顺序是：中场准备—退至后场正手区—回至中场—退至后场头顶区—回至中场，如此重复移动直至将所训的球数击打完。

最后，当一人在场上练球时，教师要求其他人在其他场地做步法练习或发球练习。

2. 吊直线球的多球训练

（1）定点吊直线球的多球训练

首先，让学生在球场一侧的双打后发球线位置不需移动，教师在球场另一侧的中间位置发高远球，学生不断练习吊直线球，使其体会吊直线球的动作要领：一是要求吊球的挥拍动作同击打高远球的挥拍动作一致，只是在击球的一瞬间手腕抖动不同；二是要使拍面同球头摩擦，使其能够产生过网急坠的效果。

其次，要求学生控制好球在网带正上方的高度，太高容易给对手造成机会，太低容易造成球下网。

最后，要求球的落点在前发球线左右且下落速度要快，达到出其不意的效果。

（2）移动中吊直线球的多球训练

当学生熟练掌握了定点吊直线球的技术动作后，就可以进行移动中吊直线球的多球训练。

首先，学生采用后退步法移动到后场时，教师发出高远球，学生进行吊直线球练习。教师发球速度不宜过快，等学生快要移动到后场时才能发出球。当发现学生动作错误时，教师要及时停止练习并加以纠正。

其次，学生在场上的移动顺序是：中场准备—退至后场正手区—回至中场—退至后场头顶区—回至中场，如此重复移动直至将所训的球数击打完。

最后，当一人在场上练球时，教师根据情况可以安排其他人做辅助练习（如颠球练习、挥拍练习、步法训练等）。

3.吊斜线球的多球训练

当学生掌握了吊直线球的技术动作后，就可以进行吊斜线球的多球训练。吊斜线球分为劈吊球和滑板吊球两种手法，但都为吊斜线球，因此训练方法和要求相同，以下统称为吊斜线球。

（1）定点吊斜线球的多球训练

首先，让学生在球场一侧的双打后发球线位置不需移动，教师在球场另一侧的中间位置发高远球，学生不断练习吊斜线球，在后场正手区练习劈球，劈吊对角网前小球，在后场头顶区练习滑板吊球，滑吊对角网前小球，同时要求学生体会吊斜线球的动作要领：吊斜线球的挥拍动作同击打高远球和吊直线球的挥拍动作一致，只是在击球的一瞬间手腕抖动方向不同。

其次，要求学生控制好球在网带正上方的高度，太高容易给对手造成机会，太低容易造成球下网。

最后，要求球的落点在前发球线左右且下落速度尽量快，达到出其不意的效果。

（2）移动中吊斜线球的多球训练

当学生熟练掌握了定点吊斜线球的技术动作后，就可以进行移动中吊斜线球的多球训练。

首先，当学生采用后退步法移动到后场正手区时，教师发出高远球，学生进行劈吊斜线球练习；当学生采用后退步法移动到后场头顶区时，教师发出高远球，学生进行滑板吊斜线球练习。教师发球速度不宜过快，等学生快要移动到后场时才能发出球。当发现学生动作错误时，要及时停止练习并加以纠正。

其次，学生在场上的移动顺序是：中场准备—退至后场正手区—退至中场—退至后场头顶区—回至中场，如此重复移动直至将所训的球数击打完。

最后，当一人在场上练球时，教师根据情况可以安排其他人做辅助练习（如颠球练习、挥拍练习、步法训练等）。

4. 网前搓球的多球训练

（1）定点搓球的多球训练

要求学生定点在网前不需移动，教师在网前扔球，学生连续提放网前小球，使其体会搓放网前小球的动作要领：一是要注意拍面角度。二是要抢击球的高点。三是要体会手指的捻动发力。四是要使搓放出去的小球直上直下，即球要尽量贴网下落，并且使球的最高点在本方场地内。五是搓放出去的小球高度要合理，太低使不过网的概率加大和难以产生贴网直下的效果，太高容易让对手抓住机会扑球。

（2）移动中搓球的多球训练

当学生熟练掌握定点搓放网前小球技术后，就可以进行移动中搓放网前小球的多球训练。

首先，教师发网前球时，发出的球尽量离网近些高些，以便于学生做出完整的搓放网前球动作，有利于动作定型和养成网前抢高点的意识。发球速度不宜过快，要与学生的移动速度相同。当发现学生的动作错误时，要及时停止练习并纠正其动作。

其次，学生在场上的移动顺序是：中场准备—上网至前场的正手位—回至中场—上网至前场的反手位—回至中场，如此重复移动直至将所训的球数击打完。

最后，当一人在场上练球时，教师根据情况可以安排其他人做颠球练习，以培养球感。

5. 网前挑球的多球训练

（1）定点挑球的多球训练

首先，同前场定点搓放小球的训练一样，要求学生定点在网前不需移动，教师在网前扔球，学生不断练习前场挑球，使其体会前场挑球的动作要领：一是要求在做挑球准备动作时拍形应与搓放网前球的拍形保持一致，二是在击球时动作要小要突然。

其次，要求学生控制好挑出去球的飞行弧度，太高容易让对手有充足的时间回到后场，太低容易使对手半场拦截。

最后，要求挑球的落点精准，最好落在双打后发球线和底线之间。

（2）移动中挑球的多球训练

当学生熟练掌握了定点挑球的技术动作后，就可以进行移动中挑球的多球训练。

首先，教师发网前球时，发出的球尽量离网近些高些，以便于学生体会正确的挑球动作要领，有利于动作定型和养成网前抢高点的意识。发球速度不宜过快，要与学生的移动速度相同。当发现学生的动作错误时，要及时停止练习并纠正其动作。

其次，学生在场上的移动顺序是：中场准备—上网至前场的正手位—回至中场—上网至前场的反手位—回至中场，如此重复移动直至将所训的球数击打完。

最后，当一人在场上练球时，教师根据情况可以安排其他人做辅助练习（如颠球练习、挥拍练习、步法训练等）。

6. 网前勾球的多球训练

（1）定点勾球的多球训练

同前场定点搓放网前球训练一样，要求学生定点在网前不需移动，教师在网前扔球，学生不断练习勾对角技术，使其体会勾对角的动作要领：一是要求在做勾对角准备动作时拍形应与搓放网前球的拍形保持一致。二是在击球时动作要小要突然。三是要控制好勾出去的球的运行轨迹，使球在本方场地内的运行时间较长，在对方球场内的飞行时间较短。四是要注意勾球的落点，使其越近网越好。

（2）移动中勾球的多球训练

当学生熟练掌握了定点勾球的技术动作后，就可以进行移动中勾球的多球训练。

首先，教师发网前球时，发出的球尽量离网近些高些，以便于学生体会正确的勾球动作要领，有利于动作定型和养成网前抢高点的意识。发球速度不宜过快，要与学生的移动速度相同。当发现学生的动作错误时，要及时停止练习并纠正其动作。

其次，学生在场上的移动顺序是：中场准备—上网至前场的正手位—回至中场—上网至前场的反手位—回至中场，如此重复移动直至将所训的球数击打完。

最后，当一人在场上练球时，教师根据情况可以安排其他人做辅助练习（如颠球练习、挥拍练习、步法训练等）。

通过以上论述，进一步明确了多球训练法在学生羽毛球运动技能中的运用效果，因此笔者将研究重点集中在学生羽毛球运动技能所使用的多球训练法上，对训练内容、训练程序和训练负荷进行探索，寻求行之有效的措施与方法来提高学生羽毛球运动的教学质量和教学效果，对培养高水平的学生羽毛球运动员具有一定的现实参考意义。

第四节　乒乓球运动技能培养

一、参与式教学法的相关概念

（一）参与

参与，又称"介入"或"参加"，通常指的是个体或团体以第二方或第三方的身份加入、融入某项事情中。《现代汉语词典》[①]将"参与"定义为"参加（事务的计划、讨论、处理），介入其事"，即"参加某个组织或某项活动"。

对于教学过程中的"参与"，笔者认为是指学生进入教学群体和教学过程中的状态，参与让学生在教学过程中通过自身活动和亲身体验，享受学习的乐趣，感受知识的奇妙，提升学习信心，让学生在学习过程中真正实现知、情、意、行的统一。

（二）参与式方法

参与式方法是 20 世纪后期确立和完善起来的一种新的工作方法和手段，其显著特点就是强调发展主体能够积极地参与活动的决策、实施、管理和利益分享的全过程。

教学过程中的参与式方法是指学生全面参与到学习活动中来，通过与教师、其他同学的相互沟通、交流和协作，共同完成学习任务，实现个人全面发展的学习方法。

---

① 中国社会科学院语言研究所词典编辑室编：《现代汉语词典》，商务印书馆 1996 年版。

（三）参与式教学法

参与式教学法是指通过在教学中提供各种学习机会，发动学生用积极参与的方式与教师、同学相互学习、相互促进、共同提高的教学和学习策略。

参与式教学法相对传统教学法而言，具有七个优势：第一，提供形式多样、丰富多彩的教学活动（包括小组内部和小组之间的活动）来促进学习体会的分享和教学目标的达成。第二，可提供危险性小、无威胁、轻松愉快的学习环境。第三，可以促进师生之间的互动。第四，为教师和学生提供互教、互学的机会。第五，可为学生提供各种趣味性强、有意义的学习内容。第六，有助于学生学习动机的提升。第七，更容易促进师生相互理解对方的观点和看法。

二、参与式教学法常用的活动形式

目前国内外常用的参与式教学法活动形式主要有小组讨论、头脑风暴、角色扮演、游戏及分享、案例教学五种。

（一）小组讨论

参与式教学法中的小组讨论形式是指教学过程中在对某个问题进行深入的讨论时，根据具体情况将学生分为三到五人不等的小组，每组指定两位学生担任记录员和报告员，使每个学生都有机会表达自己的意见和倾听别人的意见的教学形式，并通过不停改变小组分组的方式，激发学生对小组讨论的兴趣。

在小组讨论形式中，学生的学习途径主要有四种：第一，在参与中学习。所有学生都有机会积极参与到讨论中来，并且这也是鼓励性格内向、不爱说话的学生积极参与教学的有效方法。第二，在分享中学习。教师与学生之间可以相互分享学习经验，学生和学生之间可以相互分享学习体会。第三，在讨论中学习。小组讨论可以激发学生头脑风暴，寻找问题解决的新途径和最优措施。第四，在问题中学习。可以培养学生发现问题、理解问题、解决问题的能力，有助于学生形成解决问题的个性化方法和基本立场。

但同时，参与式教学方法的小组讨论形式如果组织或把控不好，容易造成四个问题：第一，学生之间的讨论容易跑题或者变成学生之间的争吵。第二，小组之间的讨论通常需要耗费较多的时间才能达成一致，容易造成课堂时间的超时。第三，小组人员越多，每个学生分享个人心得体会、发表个人观点的时间越少。第四，参加讨论的学生越多，小组讨论主持人的工作就越难协调和开展，对主持人的能力要求较高。

小组讨论在以下五个情况中比较适用：第一，让学生出主意。第二，解决一个问题。第三，让学生互相交流意见和经验。第四，让学生感受小组活动的热烈、活泼气氛。第五，当学生对讲课感到厌烦时，小组讨论可以重新恢复他们的兴趣。

（二）头脑风暴

头脑风暴又称快速联想，是指在教学过程中就某个问题快速提出相关的问题，并记录下来，有利于教师在短时间内收集信息，并鼓励学生参与讨论。

头脑风暴法形式中的学习途径主要有三种：第一，在激发中学习。激发每个学生提出新观点、新想法，从而创造性地解决问题。第二，在开拓中学习。有利于提高学生的知识归纳能力，提高记忆力，开拓知识领域和视野。第三，在思考中学习。可以激发学生独立思考，从而提高学生的创造性能力。

但同时，在参与式教学中使用头脑风暴法，容易造成三个问题：第一，学生过于强调个人观点，导致相互批评。第二，学生为显示自己观点的不一样，故意提出新奇的观点。第三，学生在头脑风暴过程中容易受其他人思维影响而放弃个人主见。

头脑风暴法在以下三个场合中比较适用：第一，课堂教学中的"热身"活动，激发学生参与课堂教学的热情。第二，课堂过程中的知识拓展，把教学内容与学生的个人经验联系起来。第三，训练学生的思维，培养学生运用已学知识解决实际问题的能力。

（三）角色扮演

角色扮演是指在教学过程中通过模拟知识的真实运用环境来发现学习过程中的问题、探索解决办法和促进共同提高的教学方法。

在角色扮演法形式中，学生学习的途径主要有三种：第一，在扮演中学习，角色扮演能够提高学生的表达能力。第二，在锻炼中学习。在锻炼学生的表达能力的同时，有机会应用所学习的技能。第三，在兴趣中学习。角色扮演的"剧本"可以由教师根据教学目的事先设计好，也可以让学生根据他们的生活实际自己设计，尤其是在与学生交流的过程中，教师通过他们的表演可以了解他们的生活。

尽管角色扮演法具有诸多优点，但角色扮演法在使用过程中需应遵循四个基本原则，即教学活动情景性、教学氛围趣味性、活动参与共同性和教师介入适当性。

（四）游戏及分享

游戏及分享法是指教师将教学内容通过游戏的形式来呈现，帮助教师激发学生的学习兴趣或帮助教师引出要讨论的问题，也可以作为活动开始时的热身或结束时调节情绪的手段。运用游戏及分享教学方法，教师在设计过程中需明确每个游戏的目的和游戏的针对性,让学生真正实现在游戏中学习,在学习中得到乐趣。

(五)案例教学

案例教学是指把实施解决问题中的真实场景加以典型化处理,形成可供学生分析和思考的案例,以此来培养学生独立思考的能力、变革学生的学习方式、开发学生的智慧潜能、提升学生的情感态度、张扬学生的创新精神。

三、参与式教学法的特点

(一)学生主体性:开放式教学环境有益于发挥学生的主体作用

参与式教学的教学环境是开放的,从教室内桌椅、投影、黑板等教学设备到教室内墙壁、窗户的布置都具有开放性,教师可以根据参与式教学的具体使用手段来积极主动地营造一种民主、宽松、和谐、快乐的教学氛围,鼓励学生积极表达个人想法和建议,给予学生动脑、动手和动口的机会,促进学生主动观察社会万象,思考热点问题,以期用充分的论据来论证自己的观点,激发学生的探究欲望和充分发挥其在教学过程中的主体作用。

(二)师生互动性:师生和生生互动有助于沟通感情、培养兴趣

参与式教学中生动活泼的教学气氛有助于培养学生所学课程的学习兴趣,从而建立深厚的师生、生生情感。开放式教学作为联系实际、贴近生活的教学方法,有助于调动学生学习的积极性,并使学生认识到所学知识即使不考试也有用,甚至伴随一生、终生享用,能够极大地激发学生的学习兴趣和促进学习主动性,把积极情感转移到对教师所任的学科上,从而激发学生的学习兴趣,促进教学相长。

（三）方法多样性：多元化教学方法有利于发现知识、培养能力

参与式教学理论不拘泥于具体的教学方法，凡是能够调动学生积极参与学习过程的方法都可以运用到参与式教学过程中来。参与式教学丰富多样的教学方法方便教师依据不同的教学内容选择合适的教学方法、安排不同的教学活动，在因材施教的基础上，让所有学生从教学过程的参与中获益，在活动的参与中获得知识、发展个性、形成能力。

四、参与式教学法在乒乓球运动技能中的实施原则

（一）落实学生的主体地位

在乒乓球参与式教学中要落实学生的主体地位，需从以下三个方面入手：

1. 尊重学生的学习主体地位，发挥教师的教学主导作用

参与式教学过程需充分尊重学生学习的主体地位、发挥教师教授的主导地位，促进教师和学生在教学过程中相互促进、共同提高，达到教学相长。例如，在乒乓球理论教学部分的电视教学环节中，教师可与学生一起观看世界乒乓球锦标赛、乒乓球世界杯等国际大型乒乓球比赛和中国乒乓球超级联赛等国内大型乒乓球赛事以及学习如何打乒乓球的教学视频，在观看完成后，教师与学生一起讨论乒乓球技术、交流乒乓球运动心得，调动学生的积极性，以形成民主自由、轻松愉快的教学气氛，让教师在教学过程中充分发挥其主导作用，以促使学生意识到掌握乒乓球运动知识的重要性，并使这种外部因素内化为学生主动参与学习的动机，达到教师教学方法和学生学习方法的融合和统一。

2. 尊重学生的个体差异，让学生成为学习主人

例如，在乒乓球教学的理论部分，乒乓球组织（竞赛、编排、裁判法）的

教学环节，教师可要求学生自主组织乒乓球赛事并建立"运动笔记"，通过学生记录每次比赛前后的乒乓球组织学习状态、赛事组织中遇到的问题、乒乓球组织能力获得的感受以及对乒乓球教学的一些看法等，让教师既能及时地了解到每一个学生所处的状态和反馈的信息，又能适时调整课程教学的进度，做到以学生为中心。学生可以通过运动笔记及时调整自身的学习状态，避免不良情绪的产生，可以清楚地看到自己的学习轨迹，并主动思考和探究学习问题，能够培养自身独立的能力，体验到学习的快乐，让自己真正成为学习的主人。

3.注重学生学习兴趣的培养，强调学生学习的主体意识

体育教育要突出"以人为本"，遵循素质教育、创新教育指导思想，突出学生学习的主体地位，并结合参与式乒乓球教学的特点，从注重学生的身体素质提高到素质与能力并举，力求使学生身心全面发展，我们要注重学生成功的运动体验，激发学生的学习兴趣。

例如，在乒乓球教学的直板握拍法和横板握拍法的实践教学的技术与战术教学环节中，教师在进行直板握拍和横板握拍动作的讲解示范后，留给学生充足的时间相互交流讨论直板握拍和横板握拍的优劣，让学生在直板握拍和直板站位、横板握拍和横板站位的练习中相互帮助、相互学习、共同提高，这不仅使学生掌握了如何学和如何教，而且也有利于融洽同伴关系，有助于学生探索适合自己的乒乓球握拍方式。参与式乒乓球教学过程需创设良好的人文环境，体现了以人为本的思想，使学生在公平竞争中相互帮助、相互交流，有利于培养学生健康的心理品质。

（二）转变传统教师教学角色，形成正确的师生关系

参与式教学法强调"以学生为中心"，参与式教学法在普通高校乒乓球教

学中的实施要求教师转变传统教学角色,建立正确的师生关系。

1. 学习以学生为中心,教学以平等为基础

参与式教学过程强调学习以学生为中心,教学过程中师生、生生之间相互平等,教学气氛民主、轻松,关注在学习习惯上的培养和已有经验上的学习。例如,在乒乓球的技能教学部分,教师可让学生自行组织课堂教学比赛并要求学生对比赛过程进行思考,有助于学生在已有经验上对乒乓球的技术、战术的运用能力进行再学习,从而达到探索赛事组织方法、拓宽乒乓球知识范围、掌握乒乓球运动技能、实践乒乓球比赛组织能力、进行乒乓球学习方法的再创新。

2. 关注学生的发展需求,形成为学生服务的观念

需求是人类发展的动力源泉。不同的发展需求将导致学生不同的学习动机,所以在参与式乒乓球体育教学前,教师要了解学生,要与没有明确发展需求目标的学生交流,帮助他们明确发展目标,从而激起他们的学习欲望。与传统乒乓球教学相比,参与式乒乓球教学法更注重突出学生的主体地位,这就要求乒乓球教师形成为学生发展服务的观念,以学生为主体、教师为主导,根据学生的需要调整教师角色。教师在学生的学习过程中是参与者,在学生学习困难时是鼓励者,在学生情绪波动时是调控者,总之,体育教师是学生学习知识的服务员和前进路上的加油者,是学生发展所需条件的创造者和学生发展的服务者。

(三)选择合适的教学内容

参与式教学法强调"以活动为主要形式",这对参与式乒乓球教学的教学内容提出的新要求。选择适合不同乒乓球教学活动的教学内容,成为参与式乒乓球教学能否成功的关键。

1. 教学内容体现教学活动的竞争与合作性

在参与式乒乓球教学活动中，处处体现了集体的协作与配合，合作会使乒乓球运动更为有效，团队的胜利需要全体成员的相互协作和共同努力。美国心理学家莫顿·多伊奇认为个体间不同的互动方式决定于不同的合作，正向的依赖（合作）导致正向互动，负向的合作（竞争）导致负向互动，而无依赖（个体努力）没有互动。因此，乒乓球教师可通过组织乒乓球双打等相互依赖性的体育项目，让学生在乒乓球双打比赛中领会个体目标与团体目标的一致性，学会人与人之间频繁的合作，通过乒乓球双打中个人攻防角色的转换，体会乒乓球双打比赛中不仅需要充分发挥个人技能，更需要练习各种不同的战术配合，依靠集体的相互鼓励、默契配合，通力合作实现共同的目标的团体精神。

2. 教学内容贴近生活，提高学生的心理健康

由于乒乓球活动需要社会交往和合作的同时，参与者之间又存在相互竞争，与现代社会生活十分接近，在乒乓球双打活动过程中形成的合作、在乒乓球单打过程中的竞争和乒乓球活动中交往的意识和比赛过程中的行为会牵引到学生的日常学习、工作和生活中，促使学生与他人合作、竞争能力及良好人际关系的形成，从而提高学生的社会健康水平。

3. 关注学生的学习差异，留足时间自由学习

参与式教学强调以学生为主体，以学生为主体并不意味着课堂教学完全按学生的意愿自主选择学习内容，而应在教师确定和完成主要教学内容的基础上，让学生自由选择其他相关教学内容进行自主学习。例如，教师在乒乓球的步法技术与战术方面的主要教学内容已教完，教师可安排15~20分钟的时间让学生自主选择乒乓球步法学习活动内容，学生根据需要选择练习内容，如有的学生

进行乒乓球换步步法练习，有的学生进行侧身步步法练习，有的学生进行交叉步步法练习，可大大提高学生的自主参与度。

（四）确定科学的评价方法和标准

参与式教学法强调"以学生的发展为目的"，这就要求参与式乒乓球教学的评价方法和评价标准不能片面地以学生的乒乓球知识和乒乓球技巧掌握程度为评价依据，需系统、全面地形成包含参与式乒乓球教学的评价标准、评价内容、评价方法以及评价实施途径在内的评价体系。例如，对乒乓球基础好、先天身体条件优、乒乓球学习进步快、自信心强的学生，评价时要更严格，不但要求他们能够规范地完成体育教学任务，还可以要求他们完成更高难度的任务，或者要求他们帮助其他同学完成任务，或者让他们成为团队领袖，带领团队竞赛；而对乒乓球基础差、乒乓球学习进步慢、自卑感强的学生，应尽量寻找他们的闪光点，用激励的语言评价帮助他们树立信心，提高体育学习的兴趣。总之，乒乓球参与式教学的评价应以分层评价、激励成功为主，以激发不同层次的学生学习乒乓球的信心和热情，不断提高学生自我认识和自我教育的能力。

五、参与式教学法在普通高校乒乓球教学的实施过程分析

参与式教学法关注所有参与者积极主动地参与到学习中的程度，强调参与者在课前、课中和课后等整个教学过程的全程参与。接下来，笔者以乒乓球运动中的基础技术——左推右攻为例来说明参与式教学法在普通高校乒乓球教学中的实施。

（一）课前参与

在使用参与式教学的乒乓球教学实践中，学生的课前参与主要体现在以下

三个方面。

1. 选择教学内容

目前，我国高校的体育教学课程普遍存在教学内容多、课程时间少的问题。因此，如何做到在高等体育教学大纲的指导下，选择学生关注的重点教学内容成为关键。笔者认为，让学生参与课程教学内容的选择不失为一种好的解决方法。

在教学中，教师可以组织 40 名学生自由进行乒乓球练习并对学生整节课的活动情况进行录像。教师在首次课程结束后，由教师将视频录像发到建立的微信群中或者一起观看首次课程视频，分析学生在乒乓球练习中最薄弱的技术动作、最需要提升的技术工作后，确定本学期的主要教学内容为乒乓球发球和左推右攻教学。

2. 确定教学方案

在确定教学内容后，在乒乓球左推右攻打法教学部分，针对推挡、攻球基本动作的技术要领及左推右攻打法的使用等教学内容，教师详细介绍该部分课程参与式教学的设想，并将初步选定的左推右攻打法的教学内容向学生公布，鼓励学生基于自己乒乓球运动经验的基础提出自己对乒乓球左推右攻技术教学的意见，然后教师与学生一起分析探讨后确定重点教学内容为"推挡动作和攻球动作的规范"，教学难点为"左推和右攻技术动作的衔接及组合运用"。

在确定乒乓球发球、左推右攻的教学内容后，教师要求学生自主学习发球、推挡和攻球动作，通过阅读教材、网上视频学习等获得各种可能的信息，在微信群中一起分析讨论，共同进行分析和判断，对乒乓球发球、推挡和攻球学习的内容进行排查认定，教师把发球、乒乓球正手攻球相关的教学资料提供给学生，让学生以乒乓球教师或乒乓球运动员的心态去研究、去"做学问"，形成自己对乒乓球发球、正手攻球"教"的观点、方法和意见，从而与教师一起确定发球、乒乓球正手攻球教学方案，确定乒乓发球、球左推右攻技术要领为：第一，乒乓球发球技术要领，发球三要素——拍型角度、球拍的用力方向、触球时的瞬间速度对发球的影响，发各种旋转的球、配套发球的手法，乒乓球运动中发球的隐蔽性和准确性及第一落点的掌握。第二，乒乓球推挡技术要领。双脚与肩膀同宽，稍抬后跟；大拇指伸开，通过食指和小拇指来调整拍型角度，中指和无名指发力。第三，乒乓球攻球技术要领。包括攻球站位技术要领和攻球动作站位技术要领，身体与乒乓球台保持30厘米左右的距离，两脚距离与肩同宽，双膝自然弯曲、上身前倾，肩部自然放松。第四，攻球动作击球技术要领。通过稍下压拍面来压低网球弧线，球拍斜挥来制造回球弧线，同时需注意挥拍的稳定性以追求攻球的命中率。第五，左推右攻的组合使用。推球时，可以适当地加力，或者借助对方来球的力量，借力打力。正手攻球一般的打法是采用正手拉弧圈的方式，注意拉球时要以肘关节为圆心，挥动小臂划弧，同时注意保持身体重心放低。

在确定技术要领后，确定本学期的教学计划：发球技术学习为6个学时；乒乓球推挡技术学习为10个学时；攻球技术学习为10个学时；左推右攻的组合使用学习为14个学时。

教学方法为精细讲解与大员练习相统一、集体示范与个别指导相结合、给予挑战与鼓励表扬相协调。

3. 参与课件制作

如果学生对左推右攻技术中的某些内容感兴趣，就安排学生自行组织小组备课，制作课件和授课，以激发学生学习的兴趣，例如，教师可根据学生学习兴趣的不同，安排学生自行组织推挡技术、攻球技术和左推右攻组合技术三个不同的小组备课，利用多媒体和现有比赛制作视频课件，激发学生的学习兴趣，加深学生对乒乓球技能的理解。

（二）课中参与

1. 准备活动的参与

在本次教学中，乒乓球选修课程开始的第一、二次课，由教师引领准备活动，并讲解准备活动的作用、练习时间的强度和密度、练习的手段方法等，使学生基本掌握如何做准备活动，同时使其组织能力得到锻炼。从第三次课开始，学生由体育委员整队、清点人数后，依次由各个小组轮流带准备活动，每次课结束前安排每一小组下一次课的准备活动，每次带准备的情况进行记录作为平时成绩的依据。

2. 课程内容的参与

参与式教学法强调"以活动为主要形式"，参与式教学法在乒乓球教学实施过程中的课堂教学参与形式多种多样，在此仅以小组讨论和角色扮演两种课堂教学参与形式进行说明。

（1）小组讨论

课前的小组分组以保证所有学生都能公平、全面地参与课堂讨论为目的，以尊重每个学生的想法、激发学生的探索欲望、共同分享课程内容和新的体会为小组的活动原则，鼓励所有学生积极参与到小组活动中来。

例如，在乒乓球左推右攻的技术与战术教学环节中，教师将40名学生分成同时包含高、中、低乒乓球技术水平学生的8组，让每组学生自行播放由学生自己制作的课件，课件包括世界冠军比赛时运用发球和左推右攻打法得分的视频、教师的示范视频、学生自己练习的错误动作视频和正确动作视频，教师和学生一起观看视频，讨论、分享和比较分析各自动作存在的问题，研究发各种旋转球的落点，左推右攻以近台正手攻球为进攻，以反手推挡为防守和助攻的主要手段，并研究乒乓球运动中有利于先发制人的打法及左推右攻打法的"快、准、狠、变、转"的风格对乒乓球比赛成绩的影响，每一组选取一个水平相对好的学生为组长进行分组练习，能够调动所有学生的积极性。

（2）角色扮演

教师先与学生沟通和编制与课程教学内容相关的剧情，根据剧情内容将扮演角色分为剧情扮演员、剧情观察员、组长、记录员、发言人等，并要求小组成员之间进行角色互换，以相互找出各自的优缺点促进共同提高。

例如，在乒乓球的左推右攻基本技能教学部分，教师通过组织左推右攻乒乓球比赛，将学生分成若干小组，每个小组包含5名学生（1名赛事组织者、2名乒乓球运动员、1名乒乓球赛事裁判、1名乒乓球赛事记录员），2名运动员中最早完成移动中左推右攻10个回合的运动员取胜；并将左推右攻乒乓球比赛小组成员的组内角色互换，可让学生体验乒乓球赛事组织者、乒乓球运动员、乒乓球赛事裁判、乒乓球赛事记录员等不同角色，找出自己在不同角色扮演时做得好的地方和做得不好的地方，加深乒乓球左推右攻基本技能的理解和掌握程度。

（三）课后参与

参与式教学法强调学生教学过程的全程参与，在使用参与式教学的乒乓球教学实践中，学生的课后参与方式主要包括以下两种：

1. 教学反思与评价

在乒乓球参与式课堂教学中，学生的反思是建立在评价基础上的，课程教学完成后的教学评价，不是乒乓球运动学习的总结，而是乒乓球教学活动的反馈环节和掌握教学过程、调整教学行为的手段，只有实现评教的有机结合，才能实现评教的相互促进、共同提高。笔者对实施参与式教学方法的班级采用自评、互评、达标评定相结合的评级方法，各种评价方法的所占比例为学生自评20%、学生互评20%、达标评定60%。

2. 心得体会分享

在乒乓球左推右挡技术课堂结束后，在自主自愿的前提下，引导学生以"朋友圈"方式向教师分享对乒乓球发球、左推右挡课堂内容的想法、感悟和建议等，有助于提升学生的个人自信心，加深对体育运动知识的深刻领悟，培养学生的总结归纳能力。

在乒乓球发球、左推右挡教学部分中，教师通过向每个学生下发一张白纸，让学生自己思考、判断、编写乒乓球发球、左推右挡学习测试试题来锻炼学生对教材的把握能力，并分别选取了乒乓球运动的发球、推挡和攻球技术动作要领，推挡和攻球技术组合使用的动作要领，左推右攻技术的使用场合和乒乓球组织的部分试题让学生以乒乓球理论知识测试做题、测试完成后的改题、评题的形式来交流乒乓球发球、左推右攻动作知识的学习方法和学习感受，促使乒乓球运动的教学相长。

（四）参与式教学法在乒乓球教学中的建议

1. 排除不利因素的影响的方法

尽管参与式教学法的应用有利于提高学生参与乒乓球教学活动的积极性，有助于提高学生的乒乓球运动知识和技能，有助于培养学生的体育参与和合作精神，但因参与式教学法本身的特点，乒乓球体育教师仍需排除不利因素的影响，具体包括以下三个方面：

（1）教师加强引导来减少学生的个体差异

参与式教学法强调教学过程以问题引导、活动过程为主，从而使体育课程的系统性、综合性受到影响，导致自学能力不强的学生无法适应，影响学生的学习质量。

参与式教学法能使教师更容易利用学生间的差异来进行正确的引导，教师可利用小组成员间的相互信任、相互帮助来充分发挥小组成员的最大潜力，产生驱动力、向心力和约束力，让学生在动作要领、标准水平和动作规范上尽可能一致，消除学生间的差异性。

（2）教师需转变教学观念来体现学生主体地位

在传统体育教学的课堂上，由于教师拥有绝对权威，导致师生间的关系容易紧张，同学的相处也不太和睦，容易阻碍教师和学生之间的沟通交流。参与式乒乓球教学法的应用则要求教师转变教学观念，营造具有融洽型教学气氛的课堂，使教师与学生之间、学生相互之间的关系平等、民主、和谐，学生处于愉快、互动的情感状态。参与式教学方法注重在教学过程中教师与学生之间及学生与学生之间的情感交流，教师与学生的地位平等，教师只是教学过程中的引导者、促进者。因此，教师在进行课堂教学时，需注意营造融洽型的课堂氛围来让学生真正充分参与到课堂中来，以体现学生在学习过程中的主体地位。

（3）学校通过增加课时和开设班级来保证教学质量

随着我国高等教育的逐渐普及，高校师资和体育场地不足的问题逐渐体现出来。乒乓球参与式教学法的实施所需的课时比传统教学法多，学校应当适当增加课时数量来保证参与式教学法的实施效果；另外，笔者认为参与式教学实施的班级学生人数太多会较难掌控，建议班级人数不超过30人，否则教师不能保证每个学生都参与其中，因而学校需限制班级人数，增加开设乒乓球开设班级数量来保证参与式教学法在乒乓球教学应用中的教学质量。

2.课前、课中、课后的建议

针对参与式教学法本身的特点及存在的问题，笔者对参与式教学法在普通高校乒乓球教学中的应用给出以下三个建议：

（1）课前：了解学生，合理分组

我国教育家孔子注重"因材施教"，我国高校学生来自不同的省份，有着不同的家庭教育、社会教育、学习教育背景，因此乒乓球教师在实施参与式教学的分组过程中需通过观察、谈心及教学前的测试，了解学生的个性、学习能力，根据组内异质、组间同质的分组原则进行优化组合。

（2）课中：丰富活动形式，全面提升素质

参与式教学法的优势在于可提供多种多样的活动，因而笔者建议乒乓球参与式教学中的活动形式应丰富多彩，应通过采用运动员、裁判员角色扮演.乒乓球比赛情景模拟，乒乓球教学案例分享等活动形式，让学生在模拟的实际场景中实现乒乓球运动知识的被动接收到主动学习的转换,在乒乓球运动体验中磨砺心性、锻炼体能、坚韧品格。

(3)课后:形成体育意识,坚持终身体育

随着社会快速的发展,人们的生活压力日益增大,社会公众对自身健康的重视日益提高,这就必然要求体育活动的生活化。如何培养学生的终身体育锻炼观念,让体育活动成为学生日常生活的常态,成为高校体育教师日益关注的问题。

笔者认为,一线体育教师应加强对学生终身体育意识的培养,将对学生终身体育意识的培养渗透到各个教学环节中,并在课后的日常教学和生活中身体力行,为学生树立榜样,在提高学生运动的同时,提高学生适应社会、促进社会发展的能力。

参考文献

[1] 井兰香,杨广辉,高婧.三角逻辑工具在高校体育专业理论课程教学中的运用与成效[J].体育研究与教育,2024,39(01):46-50.

[2] 王爱萍,祝安凤.基于SIT理论的高校体育课程思政教学互动策略探究[J].广州体育学院学报,2023,43(06):44-51.

[3] 张路遥.我国高校体育教育教学方法创新研究——评《高校体育教学理论探索与实务研究》[J].教育发展研究,2023,43(24):2.

[4] 王振亚."大体育"视域下高校公共体育教学体系研究——评《当代高校体育教育理论与发展探究》[J].教育发展研究,2023,43(22):2.

[5] 姜维强.高校体育教学创新探究——评《新时代高校体育教学理论解析与模式创新研究》[J].中国教育学刊,2023(10):125.

[6] 曹西文.高校体育理论课程教学与实践教学探析——评《体育教学与模式创新》[J].人民长江,2023,54(09):279-280.

[7] 孙群群,罗玲,吴湘军.民族传统体育在高校体育教学中的价值解析——评《高校民族传统体育理论、发展与技能研究》[J].中国高校科技,2023(08):106.

[8] 王文慧.探究健康教育视角下的高校体育健康教学——评《现代高校体育健康理论与体育保健的科学研究》[J].中国卫生事业管理,2023,40(08):646.

[9] 王艳, 张玉波."互联网+"高校体育教学理论与实践新发展探析——评《"互联网+"背景下体育教育发展新思路》[J].中国科技论文,2023,18(07):822.

[10] 董跃春,韩乾乾.生态学理论在高校体育教学中的应用[J].环境工程,2023,41(06):301.

[11] 秦小鹏.生态学理论在高校体育教学中的应用[J].环境工程,2023,41(06):305.

[12] 唐海欧.现代体育教学理论、教学理念以及教学技术的创新性探索——评《新时代高校体育教学理论解析与模式创新研究》[J].教育发展研究,2023,43(10):85.

[13] 孙永娟."互联网+"背景下的高校体育教学改革理论与实践——评《移动健康和智慧体育：互联网+下的高校体育革命》[J].中国科技论文,2023,18(05):589.

[14] 张立双.高校体育理论课程教学与实践教学探析——评《体育教学与模式创新》[J].人民长江,2023,54(04):254.

[15] 王勇,王鹏.体育竞赛理论在高校体育教学的实施现状及策略构建研究[J].当代体育科技,2023,13(11):64-67.

[16] 彭翔.多元教学方法在高校体育教学中的应用实践——评《基于素质教育导向的高校体育教学方法、模式改革理论与实践》[J].中国教育学刊,2023(04):141.

[17] 李凤英.高校体育专业理论课教学效果探讨[J].运动精品,2022,41(12):20-22.

[18] 邓伟涛, 孙玉林. 新媒体视域下的高校体育教学创新——评《新媒体视阈下大学体育理论与实践》[J]. 皮革科学与工程, 2022,32(06):112.

[19] 智永红, 姜艳. 创新体育教学模式构建新型师生关系——评《新时代高校体育教学理论解析与模式创新研究》[J]. 山西财经大学学报, 2022,44(11):127.

[20] 兰文军, 吴芳. 终身体育理念下高校体育教育理论与实践创新——评《高校体育教育创新理念与实践教学研究》[J]. 教育理论与实践, 2022,42(30):65.

[21] 吕晓盈. 具身认知理论下河南省高校体育师范生教学技能提升策略研究[D]. 郑州：河南大学, 2022.

[22] 何亚慧. 河南省高校体育教育专业本科生专项运动技能提升策略研究[D]. 郑州：河南大学, 2022.

[23] 李苗. 基于深度学习的高校体育专业理论课堂教学设计与实证研究[D]. 云南师范大学, 2022.

[24] 周洪松. 谈高校体育专业基础理论课程实践教学如何融入职业技能培养[J]. 哈尔滨：当代体育科技, 2020,10(25):81-82+85.

[25] 廖建媚. 高校公共体育教学环境研究[M]. 厦门：厦门大学出版社:2019.

[26] 朱承敏, 王琼, 李荣峰. 高校体育教育专业学生专项技能培养中的教学门户现象探析[J]. 湘南学院学报, 2019,40(02):105-108.

[27] 崔苗苗. 教师资格证考试改革背景下高校体育教育专业学生武术教学技能培养探讨[J]. 武术研究, 2018,3(08):83-86.

[28] 杜雪峰, 唐进昌. 高校体育教育专业学生职业技能培训体系与课程建设研究[J]. 体育科技, 2018,39(02):130-131.

[29] 孙越鹏, 宋丽丹. 高校体育教学理论及改革创新研究 [M]. 北京：新华出版社 :2018.

[30] 贺晓凤. 西安市高校体育教育专业学生体育素养调查研究 [D]. 西安：陕西师范大学 ,2018.

[31] 马鹏涛. 高校体育教学改革创新与科学化训练研究 [M]. 北京：新华出版社 :2018.

[32] 刘春来. 谈高校体育专业基础理论课程实践教学如何融入职业技能培养 [J]. 才智 ,2018(02):107.

[33] 唐进昌. 高校体育专业基础理论课程实践教学如何融入职业技能培养 [J]. 体育科技 ,2017,38(03):113-114.